শিখর ছোঁয়ার আশায়

SIKHAR CHOUAR ASAI

মৃণাল কান্তি গুঁই

ISBN 979-888591118-4

To all brothers and sisters who want to establish
themselves for betterment of the society.

বিষয়বস্তু

ভূমিকা

পৃথিবীতে আমরা জন্ম নিই। তারপর ধীরে ধীরে ছোট থেকে বড় হয়ে উঠি। প্রত্যেকে সাধ্যমত শিক্ষা লাভ করি। বাবা মা ও আত্মীয়-স্বজন ছোটবেলায় আমাদের সাথে থাকেন। তখন কিন্তু কোনো সমস্যাই হয় না। সমস্যার শুরু হয় যখন আমরা বুঝতে পারি এই সমাজ আমাদের কাছেও অনেক কিছু প্রত্যাশা করে। আমরা জানি এই যুবক সমাজের হাতেই থাকবে আমাদের এই সমাজ বা দেশের ভার। তখন ঐ যুব সম্প্রদায়কে সঠিক দিশায় চালনা করা আমাদের এক পবিত্র কর্তব্য। সুরক্ষিত দেশের ভবিষ্যৎ তাদের কাছেই আশা করা যায়। ধীরে ধীরে এগিয়ে যেতে হবে এদেশের যুবসমাজকে। সহজে হার মানলে হবে না। হতে হবে বজ্রসম তীব্রতম, আলোর থেকে দ্রুততম।

হতাশা আজ থেকেই ঝেড়ে ফেলতে হবে, তার জায়গায় নিয়ে আসতে হবে উদ্যম। একবার ব্যর্থতায় ভেঙে পড়লে হবে না। প্রত্যেক কাজের একটা সময়সীমা বেঁধে নিতে হবে এবং সেই মাফিক পরিকল্পনা করতে হবে। মনে রাখতে হবে, কোন যুগেই কেউ এক বিন্দুও কাউকেও ছেড়ে কথা কয় নি। এপ্রসঙ্গে মহাভারতের দুর্যোধনের একটা কথা খুবই প্রাসঙ্গিক যেটা তিনি পান্ডবদের বলেছেন-" বিনা যুদ্ধে নাহি দেব সূচাগ্র মেদিনী।"বাস্তব ক্ষেত্রে এটাই কিন্তু হয়। কেউ কাউকে কিছু ছেড়ে দেয় না। অর্জন করে নিতে হয়। যে অর্জন করে সে জেতে আর যে হারে সে শেখে। এ শিক্ষার মধ্যে কিন্তু কিছু দোষের বা হতাশার স্থান নেই। তাই মনকে শক্ত করে আবার ততোধিক উদ্যমে কাজে লেগে পড়তে হবে। মাঝেমধ্যে হতাশা আসবে, সেটা স্বভাবসিদ্ধ, দোষের কিছু নেই। কিছু ব্যক্তি সকল জায়গায় আছে তারা নিজেও কিছু করে না আবার যে উদ্যমী তাকে বা তাদেরকে বিভিন্ন ভাবে নিরুৎসাহিত করেন। তাদের কথায় কোন কাজ থেকে পিছিয়ে গেলে হবে না। মনকে করতে হবে সিংহের মতো উদ্যমী, সাহসী এবং দৃঢ়প্রতিজ্ঞ।

বহু আশা নিয়ে আমি বাংলাভাষায় একটি গ্রন্থ রচনায় এবছর হাত দিলাম। এটি বিশেষতঃ দেশের যুবসমাজের উদ্দেশ্য লেখা। দেখেছি তাদের এক সঠিক দিশা দেওয়ার প্রয়োজন আছে। এ বয়সের যুবক যুবতীরা সহজেই হতাশাগ্রস্ত হয়ে পড়ছেন যেটা দেশ বা জাতির পক্ষে মোটেই শুভকর নয়।

এই গ্রন্থ রচনায় যারা প্রত্যক্ষ ও পরোক্ষভাবে যারা আমায় সাহায্য করেছে তাদের সকলের কাছে আমি ব্যক্তিগতভাবে ঋণী। তাঁদেরকে আমি

আমার হৃদয়ের মনিকোঠায় আবদ্ধ রাখবো চিরকাল। আমার পরিবার ও স্ত্রী-কন্যা আমায় যে মানষিকভাবে সহায়তা করেছেন সবসময় । তাদের প্রত্যক্ষ সহযোগিতা ছাড়া এ গ্রন্থ বিরোচিত করা সম্ভব হতো না।

আর একটা কথা না বললে সমস্ত কিছু অপূর্ণই থেকে যায় তিনি হলেন প্রকাশক। এই বই প্রকাশিত হওয়ায় তাঁর অবদানও কৃতজ্ঞতা চিত্তে স্মরণ করি।

আমার এই প্রয়াস কারো যদি কিছুমাত্র কাজে লাগে আমি হবো ধন্য।২০২২ এর আমার সবথেকে উচ্চাকাঙ্খী গ্রন্থ হবে এটাই।সকলেই খুব খুব ভালো থাকবেন।

নিবেদন
মৃণাল কান্তি গুঁই

তারিখ
ইংরাজি-০২.০১.২০২২
বাংলা- ১৭ই পৌষ ১৪২৮

১

পরিকল্পনা

আমরা যখন খুব ছোট থাকি তখন সকলের আদরে মানুষ হই। এমনি করে একদিন বড়ো হয়ে উঠি কালের অমোঘ নিয়মে। স্কুলে থেকেই আমাদের সেই ইঁদুর দৌড় শুরু হয়ে যায়। আজকাল অনেক মা বাবারাও ছেলেমেয়েদের একটি বিনিয়োগ বা ইনভেস্টমেন্ট সামগ্রী হিসেবে বিবেচনা করেন। এখানে মনে রাখতেই হবে যে একশ্রেনীর মানুষ আছেন তাঁরা শিক্ষাকে বাধ্যতামূলক ভেবে তাতে অধিকতর গুরুত্বপূর্ণ সিদ্ধান্তগুলো নেন। নিজেদের ছেলেমেয়েদের ভালো ভালো বিদ্যালয় বা শিক্ষাঙ্গনে ভর্তি করান এজন্য তাদের অধিক খরচাও করতে হয় মাসে মাসে।

ভারতের সংবিধান সকল শিশুদের শিক্ষাকে বাধ্যতামূলক করেছে। এরজন্য আর টি ই এক্ট (R. T. E ACT) প্রণীত হয়েছে ও লাগু হয়েছে। এতে শিশুর শিক্ষার অতিশয় উন্নতি হয়েছে কোন সন্দেহই নেই। সরকার পৃষ্ঠপোষকতায় চলা শিক্ষাঙ্গনের সাথে সাথে বেসরকারি শিক্ষাপ্রতিষ্ঠান গুলিও এবিষয়ে যথেষ্ট গুরুত্বপূর্ণ ভূমিকা পালন করে।

সাথে সাথে বিদ্যালয়গুলোতে শিক্ষার প্রসার ঘটেছে। আজ ভারতের শিক্ষার হার যথেষ্ট পরিমাণে বেড়েছে আর সমস্যাটি সৃষ্টি হয়েছে ঠিক এখানেই। বছর বছর শিক্ষাঙ্গন থেকে কোটি কোটি শিক্ষার্থী পাশ করছেন। বর্তমানে যে বিভিন্ন দিক খুলে গেছে তার হদিস রাখতে হবে সকলকে। স্থিতপ্রজ্ঞার সাথে যুগের সাথে নিজেদেরকে মিলিয়ে নিতে হবে। ইংরাজিতে যাকে বলে adaptation বা যুগের সাথে খাপ খাইয়ে নেওয়া।

প্রাগৈতিহাসিক যুগ থেকেই দেখে আসছি যারা নিজেদের খাপ খাইয়ে নিতে পারে নি তারা পৃথিবী থেকে ধীরে ধীরে বিলুপ্ত হয়ে গেছে। বহুল চর্চিত ডাইনোসোর এর সব থেকে বড় উদাহরণ। অথচ সেই সমসাময়িক আরশোলা এখনো বহাল তবিয়তেই বেঁচে আছে।

আধুনিক যুগের দিকে যদি তাকাই তাহলে অনেক কিছুই নজরে আসে। যেমন কোডাক ফ্লিম কোম্পানী ও নোকিয়া মোবাইল কোম্পানি। কেউ কি ভেবেছিল আজ থেকে দশ বছর আগে এরূপ। নতুন নতুন বিজ্ঞানের আবিস্কার এক এক মারাত্মক পরিবর্তন এনেছে যুগে যুগে। ভবিষ্যতে এর ধারাবাহিকতা বজায় থাকবে। এর সাথে যদি আমরা নিজেদের উন্নত করতে না পারি তাহলে প্রথমেই যেটা হবে , আমাদের গুরুত্ব কমবে। তার পরেও যদি আমরা নিজেদের খাপ না খাওয়াই আমরা গুরুত্বহীন হয়ে পরবো। এটা কি আমাদের কাছে খুব সম্মানের হবে।

বেসরকারি কোম্পানিগুলি এসব অপদার্থ কর্মী কেন রাখবেন , বলতে পারেন? এই ভয়ঙ্কর কম্পিটিশনে টিকে থাকতে কোম্পানিগুলি উৎপাদন খরচ কমানোর উদ্যোগ নেয়। প্রয়োজনে কর্মী ছাঁটাই ও চলে ভয়ানকভাবে। আচ্ছা আপনারাই বলুন, তারা কাদের রাখবেন খরচ করে?

এই উত্তরটা একজন সাধারণ মানুষ ও খুব সহজেই বলতে পারেন, কোন বিশেষজ্ঞ হওয়ার প্রয়োজন নেই। তাই কোনরূপ অলীক কল্পনা করবেন না। বাস্তবের সাথে তাল মিলিয়ে চলুন, প্রতিদিন নতুন কিছু শিখুন যা ভবিষ্যতে আপনার কাজে দেবে অবশ্যই। সবজান্তা ভাবটি এক্ষুণি পরিত্যাগ করুন। যত তাড়াতাড়ি ঐ অজ্ঞতার খোলস থেকে বেড়িয়ে আসবেন ততই মঙ্গল। আযাথা কারো সাথে ঝামেলায় জড়িয়ে পড়বেন না। এতে আর কারোর ক্ষতি না হলেও, আপনার নিজের ক্ষতি অবশ্যম্ভাবী এটা এক ধ্রুব সত্য ঘটনা।

তাই যথাসম্ভব ঝামেলা এড়িয়ে চলুন এতে আপনার মস্তিষ্কের কার্যক্ষমতা অনেকগুন বৃদ্ধি পাবে নিঃসন্দেহে। এতে আপনি আপনার সমদক্ষতা সম্পন্ন ব্যক্তির থেকে অনেকটাই এগিয়ে যাবেন নিঃসন্দেহে। নিজের বক্তব্যকে যথাসম্ভব সংক্ষিপ্ত করুন। বলুন কম আর শুনুন বেশি। পারলে ইমোশন বা আবেগকে দিন বিদায়। অপ্রয়োজনীয় ব্যক্তিদের সংসর্গ যথাসম্ভব এড়িয়ে চলুন। এসব করলে দেখবেন আপনার অনেক সময় বেঁচে গেল। সেই সময়ের সদ্ব্যবহার করুন। মনে রাখবেন যে সময় আজ অবহেলায় চলে যাচ্ছে তার কখনোও ফিরে আসে না। আমাদের এই অমূল্য সম্পদ সময়ের ব্যবহার সঠিকভাবে না করলে কোন ভগবানের ও ক্ষমতা নাই কাউকে সাফল্যের মুখ

দেখার। কারো জীবনে মিরাকল ঘটে না , তাকে ঘটাতে হয়। মনে রাখবেন- 'Time and tide wait for none."

মৃণাল কান্তি গুঁই

দেখার। কারো জীবনে মিরাকল ঘটে না , তাকে ঘটাতে হয়। মনে রাখবেন- 'Time and tide wait for none."

• 3 •

2
জীবনের লক্ষ্য

আমরা সকলেই মন্ত্রমুগ্ধের মতো এক সাথে অনেক কিছু ভালোবেসে ফেলি। এরফলে অনেক কিছু জিনিস বা বস্তু বা ব্যক্তির মাঝে আমাদের আসল টার্গেট বা লক্ষ্য গৌণ হয়ে যায়। ঈশ্বর আমাদের শরীরে যে এনার্জি বা শক্তি দিয়েছেন তা লক্ষ্য ঠিক না থাকায় বিভিন্ন দিকে ছড়িয়ে যায়। তাই আমরা মনে মনে সফলতার আশা করলেও ঐ সাফল্য আসে না।

এটা একদম ধ্রুব সত্য কথা। তাই প্রথমেই আমাদের জীবনের একটা টার্গেট বা লক্ষ্য স্থির করা উচিৎ। এ বিষয়ে দেখে শেখা অবশ্যম্ভাবী কিন্তু অনুকরন করা একদমই ঠিক নয়। আমরা সকলেই জানি এই মহাবিশ্বে সৃষ্টিকর্তা সকলকেই অসীম ক্ষমতার অধিকারী করেছেন তাই সবসময়ই তার কাছে কৃতজ্ঞ থাকা উচিৎ। তবে এটাও মনে রাখা উচিৎ সকলের মেধা সমান নয়। সমান গুরুত্বপূর্ণ বলে বিবেচনা করা সেই মানুষ গুলোর প্রথমে নিজের নিজের জীবনের কথা ভাববার খুব প্রয়োজন আছে।

আবেগ বা ইমোশনাল হয়ে কোন সিদ্ধান্ত নেবেন না। আবেগ এক স্বর্গীয় ব্যপার তাই এর ব্যবহার সীমিত পরিসরে হওয়া উচিৎ। সবাইকে বা সবকিছুকে আপনার আবেগ প্রদান করবেন না কারন তারা সকলেই আপনার অমুল্য আবেগের যোগ্য নয়। এতে আপনার অনেক সময় ও শক্তির অপচয় কমবে। তাই প্রথমেই লক্ষ্য স্থির করে আপনার পুরো সময় ও শক্তির সদ্ব্যবহার করুন। লেগে থাকুন এবং সময় দিন নিয়মিত দেখবেন একসময় আপনি সফল হবেনই।প্রথম প্রথম ব্যর্থতা আসতে পারে। আমাদের অভিজ্ঞতা বলে, ব্যর্থতা আসে বেশির ভাগ সময়েই এতে ভেঙ্গে পরবেন না বরং উদ্যম বা

উদ্যোগ আরো বাড়ান। একদিন সাফল্য আপনি পাবেন এটা একশ শতাংশ সত্যি।বেশী স্মৃতি মেদুর হবেন না এরা থাকা ভালো কিন্তু " স্মৃতি সতত সুখের" বলে যারা কাব্য করেন ভালো করে দেখবেন তারা সবসময় অতীতেই পড়ে থাকেন ও তারা ভবিষ্যতে কোন কিছু ভালো করতে পারেন না। তাই স্মৃতি নামক দানব যা মনে মনে আমাদের দুর্বল করে দেয় তাদেরকে মনের ডাস্টবীনে ফেলে দিন।

বাস্তবের মাটিতে এসে দেখবেন ঐ স্মৃতিতে থাকা মানুষগুলো বেশিরভাগ আজ আপনার সাথে নেই এবং অতীতে কোনদিনই বাস্তবে আপনার ছিল না এবং ভবিষ্যতে ও কখনো আপনার হবে না। তাই এসব ফালতু চিন্তা করে আপনার মহামূল্যবান সময় ও শক্তির অপচয় একদম করবেন না। এই পৃথিবীতে আপনিও এক গুরুত্বপূর্ণ ব্যক্তি। আপনি ঐ পারেন পৃথিবীকে অনেক কিছু দিতে সেজন্য আপনাকেই আগে এগিয়ে আসতে হবে।নিজেকে গুরুত্বহীন ভাবা আত্মহত্যার সামিল। তাই এ নিয়ে বেশী ভাববেন না। আপনার সিদ্ধান্ত নিয়ে বেশী লোকের সাথে আলোচনা করবেন না বা পরামর্শ নিতে যাবেন না। এর কারন, এদের মধ্যে বেশির ভাগেরই সেই পরামর্শ দেওয়ার ক্ষমতা নেই আর যাদের আছে ভেবে দেখবেন তারা অনেকেই মনে মনে আপনার উন্নতি চায় না।

সাবধানী হোন , আনন্দে থাকুন , বাবা মা পরিবারের সাথে সময় কাটান বেশি বেশি করে। অযাথা বিতর্ক থেকে মুক্ত হোন, মনে সবসময় এক সাফল্য হওয়ার আগুন প্রজ্বলিত করুন । দেখবেন সাফল্য তখন শুধু হবে সময়ের অপেক্ষা।

3

শত শতাংশ মনোনিবেশ

প্রত্যেক মানুষের মস্তিষ্কের একটা নির্দিষ্ট ক্ষমতা আছে। তার মাত্র কয়েক শতাংশ আমরা ব্যবহার করতে পারি। এ বিষয়ে বিশ্ববিখ্যাত বিজ্ঞানী আইনস্টাইনের একটা কথা এখানে বিশেষভাবে উল্লেখযোগ্য। তিনি বলেছিলেন- " এই বিশ্বের আমি কতটুকু জানি। আমরা জ্ঞান রূপী সমুদ্র সৈকতে বিচরণ করি। মাঝেমধ্যে চকচক করছে এমন এক বালুকণা ওঠাই ও নাড়াচাড়া করছি।"

একবার ভেবে দেখুন। তাই যদি আমরা ভাবি বিশ্বের সকল জ্ঞান আহরণ করে সাফল্য অর্জন করবো, তার থেকে বড়ো মূর্খামি বোধহয় কিছু হতে পারে না। তাই আমাদের এই ক্ষুদ্র জীবনে এক সময় একই বিষয়ে মনোনিবেশ করা উচিৎ। এতে সফলতার চান্স বা হার বহুলাংশে বৃদ্ধিপ্রাপ্ত হয়। এর কারন,

১) এতে আপনার মস্তিষ্কের কার্যক্ষমতা বৃদ্ধি পায়। সবসময় এক ধরনের চিন্তা করার ফলে মনে রাখতে সহজ হয়। এর কারন এতে মস্তিষ্কের ফ্রন্টাল লোব বা অগ্র মস্তিষ্কের কার্যক্ষমতা বৃদ্ধি পায়। এতে সকল জিনিস সহজেই মনে থাকে।

২) এতে অনেক সময়েরও সাশ্রয় হয়। ফলে ঐ সময়ে আরো বারে বারে প্রয়োজন মতো বিষয়গুলো সম্পর্কে সঠিক ধারণা হয়।

৩) বিভিন্ন বিষয় এক সময়ে মস্তিষ্কে আনলে যে বিভিন্ন ধরনের চিন্তা আসে তাতে মানসিক চাপ আসে। এতে হাই ব্লাড প্রেশার বা উচ্চ রক্তচাপ

সহ বিভিন্ন ধরনের রোগের প্রাদুর্ভাব হতে পারে। তখন অনেকেই তার লক্ষ্য থেকে বিচ্যুত হয়ে যায়। আমরা জানি -" স্বাস্থ্যই সম্পদ।" যার ঠিকঠাক স্বাস্থ্য নেই তার পান্ডিত্যের গভীরতা থাকলেও সমাজে সহজেই সমাদৃত হতে পারেন না। তাই এ বিষয়টি অতীব গুরুত্বপূর্ণ বলে মনে করা হয়।

৪) নিজের জীবনের লক্ষ্য স্থির হয়ে গেলে সেটাই জীবনের সবথেকে বড়ো জিনিস বলে মনে করা উচিৎ। যতক্ষন পর্যন্ত সেটি পূরণ না হয় ততক্ষণ পর্যন্ত তাকেই পাখির চোখ হিসেবে বিবেচনা করা জরুরী। এজন্য সবসময়ই নিজেকে গড়ে তোলা প্রয়োজন।

৫) একই বিষয়ের উপর বারবার অনুশীলন করলে দক্ষতা যেমন বাড়বে সাথে সাথে মনের শক্তি বা আত্মবিশ্বাস বহুলাংশে বৃদ্ধি পায়। এতে সাফল্যের হার প্রশ্নাতীত ভাবে বহুগুণ বৃদ্ধি পায়।

৬) একবিষয়ে চর্চা করলে ও সময়ের সাথে তাল মিলিয়ে চললে নিজের জীবনের উন্নতি অবশ্যম্ভাবী। এমনি করতে করতে একদিন দেখবেন আপনার ধারে পাশে কেউ নেই কারন আপনি ইতিমধ্যেই অন্যের থেকে অনেকটাই এগিয়ে গেছেন। আপনি তখন খুব শিগগিরই নতুন নতুন স্থানে সাফল্যের মুখ দর্শন করবেন।

সাফল্য তখন হবে শুধু সময়ের অপেক্ষা।

4
না বলতে শেখো!

আমরা যতোই উন্নত হচ্ছি তত বেশি স্বার্থপর হয়ে পড়ছি। দিন দিন বেড়েই চলেছে আমাদের চাহিদা। ঐ সকল চাহিদা পূরণ করতেই আমরা তৎপর হয়ে পড়ছি। সমস্যাটি ঠিক এখানেই বেশি করে সৃষ্টি হয়ে পড়েছে। একশ্রেনীর মানুষের হাতে অতিরিক্ত অর্থ এসে পড়ে। কথায় বলে না- " টাকাই টাকা টানে।" ব্যপারটি অবিশ্বাস্যভাবে সত্য। একশ্রেনীর মানুষ দিনে দিনে ধনী থেকে আরো ধনী হয়ে উঠেছে। আরেক শ্রেনীর মানুষ দিনে দিনে জীবাশ্ম হয়ে যাচ্ছে। আর যারা মানবতা কথা বলে বলে চিল্লাচিল্লি করে তাঁরা নিজেদের আখের গোছানোর জন্য ব্যস্ত হয়ে পড়েন। ঠিক সেই সময়েই মানবতার চরমতম অপমান হয়। মানবতার রক্ষক সবথেকে বড়ো ভক্ষক হয়ে যায়। ঠিক তখনই নিরীহ মানুষের জীবনে সবথেকে বড়ো অভিশাপ নেমে আসে।লজ্জায় লাল হয়ে যায় অভিমানী মানুষ।একশ্রেনীর মানুষের হাতে অতিরিক্ত গুরুত্বপূর্ণ দায়িত্ব থাকে।

আর আরেক শ্রেনীর মানুষ তিলে তিলে শেষ হতে থাকে। এই ক্ষয়শীল শ্রেনীর মানুষ একদিন শেষ হয়ে যায় যদি ঠিক সময়েই তারা উপযুক্ত ব্যবস্থা না নেয়।তারা যে দিন দিন বিনামূল্যে অপরের জন্য ব্যবহৃত হতে থাকে। এই শ্রেনীর মানুষের মুখে কথা কম থাকে। তারা যুগে যুগে অপরের কাজে বিনামূল্যে ব্যবহৃত হয়ে যায়। অনেক সময় কোনরূপ পারিশ্রমিক ছাড়াই। এর ফলে তারা দিন দিন গরীব থেকে আরো গরীব হয়ে পরে। এটা অনেক সময় vicious cycle এর রূপ নেয়।

সাধারণ ভাবে এই শ্রেনীর মানুষের মানবিকতা বেশি থাকে এবং তারা অপর শ্রেনীর দ্বারা দিন দিন ব্যবহৃত হতে থাকে কোনরূপ প্রতিদান ছাড়াই। তাই যখন বুঝবেন আপনি অপর শ্রেনীর দ্বারা অন্যায় ভাবে ব্যবহৃত হয়ে যাচ্ছেন তখন তাকে তৎক্ষণাৎ না বলতে শিখুন। আপনি যদি ভেবে থাকেন তার বিনিময়ে আপনি কিছু পাবেন অদূর ভবিষ্যতে তাহলে সেটা মূর্খামি ছাড়া আর কিছুই নয়। এই শ্রেনীর মানুষেরা যে যে ভাবে অপর শ্রেনীকে বোকা বানায় সেগুলো হলো-

১) প্রেমের অভিনয়, - এক শ্রেনীর চালাক মহিলারা এই অভিনয় খুব সুচারু ভাবে করে থাকেন। তারা নিরীহ গোবেচারা টাইপের ছেলেদের এজন্য বেছে নেয়। দিনের পর দিন তাদের নিজেদের কাজে ব্যবহার করে এবং প্রয়োজন মিটলে ঠিক কেটে পরে। লাল্লু মার্কা ব্যক্তিটি যখন বোঝে তখন সে পগার পার। তাই এই ক্ষেত্রে সব সময় খুব সাবধানে পা ফেলা উচিৎ।

২) ভবিষ্যতে সাহায্য করার অঙ্গীকার,- এ ক্ষেত্রে ঐ সকল শ্রেনীর মানুষের কাছ থেকে সাবধানে চলাচল করতে হবে। নীতিহীন মানুষগুলো বেশিরভাগ ক্ষেত্রেই আপনার সাথে এরূপ ব্যবহার করে। একটু চোখ কান খোলা রাখুন। ঠিকই আপনি বুঝতে পারবেন। যখন আপনি এই ব্যক্তির ধান্দা বা খারাপ মতলব বুঝতে পারেন তৎক্ষণাৎ ঐ ব্যক্তির সংস্রব ত্যাগ করুন। তত তাড়াতাড়ি এই কাজ করতে পারবেন ততই আপনার মঙ্গল।

৩) যেচে উপকার কারী ব্যক্তি- এই শ্রেনীর ব্যক্তি থেকে সবথেকে সাবধান। বিশেষতঃ মহিলাদের ক্ষেত্রে এটা বেশি হয়ে থাকে। দেখবেন এক শ্রেনীর পুরুষ অপ্রাসঙ্গিক ভাবে যেচে আপনার উপকার করতে আসছেন বা যেচে উপকার করছেন। এক্ষেত্রে নিজেকে নিয়ে নিজে প্রশ্ন করুন। ঠিক উত্তর পেয়ে যাবেন।

৪) আর এক শ্রেনীর মানুষ আছেন তাঁরা কোনদিন আপনার খোঁজ করেন না। তারা ঠিক তাদের প্রয়োজন পড়লে আপনার খোঁজ করেন। ঐ শ্রেনীর মানুষেরা ভয়ানক স্বার্থপর হয়ে থাকে। এদেরকে চিনলেই সঙ্গে সঙ্গেই না করে দেবেন। এই শ্রেনীর মানুষের কাছে সাহায্যের আশা করা একদমই বোকামি ছাড়া অন্য কিছু নয়।

তাই বলে এই নয় যে মানুষকে সাহায্য করা উচিৎ নয়। অবশ্যই মানুষের সাহায্য দরকার কিন্তু যে ব্যক্তি অন্যায়ভাবে আপনার নিজের ক্ষতি করে আপনাকে তার কাজে বারবার ব্যবহার করছে অন্যায়ভাবে বা মিথ্যা প্রতিশ্রুতি দিয়ে, সেক্ষেত্রে আপনার না বলাটা খুব জরুরি।

এতে লাভবান হবেন আপনি। অনেক সময়ের অপচয় থেকে আপনি বাঁচবেন। এ সময় আপনি নিজের কাজে নিজের উন্নতিতে ব্যবহার করতে পারবেন।

একজন স্মার্ট ব্যক্তি কিন্তু কখনো সোজাসাপ্টা "না" বলেন না। তারা এসব ধান্দাবাজ ব্যক্তিদের যখন চিনে ফেলেন তখন এমন কিছু কাজ করেন তার ফলে ঐ ব্যক্তি তার ধারেকাছেও আসেন না।

তাই সুচারু ভাবে মনের অভিব্যক্তি প্রকাশ করা উচিৎ। এতে সাপও মরে আর লাঠিও ভাঙ্গে না।

তাই মানুষ চিনতে ভুল করবেন না। ভালো ব্যক্তির কদর বা সমাদর করুন। অন্যদের যথাযত মতামত দিয়ে বিদায় করুন।

5

শিক্ষার কোন বিকল্প নেই

কথায় আছে-"যত দিন বাঁচি ততদিন শিখি।" বিষয়টি নিয়ে বিস্তারিত আলোচনা করার কোন প্রয়োজন নেই। আমরা সকলেই এটা জানি কিন্তু এর ভাবার্থ হয়তো অনুধাবন করতেই পারি না তাই মানি না। যারা অনুধাবন করতে পারেন না তাদের এরজন্য পদে পদে এর মাসুল দিতে হয়, কতকটা বুঝতে পেরে কতকটা বুঝতে না পেরে।

একটা উদাহরণ দিলে ব্যাপারটা আরও ভালোভাবে বুঝতে পারা যাবে। দুজন ব্যক্তি একই সময়ে পাশাপাশি একটা ব্যবসা শুরু করেছিল প্রায় চল্লিশ বছর আগে। দু'জন সারাদিন ঐ ব্যবসার কাজে সারাদিন সময় ও দেয়। আজ ওদের মধ্যে একজন সেই পুঁজি নিয়েই আজো বসে আছে। তার ব্যবসার কোনরূপ উন্নয়ন ঘটে নি। কেবলমাত্র কোনরকমে তিনি সংসার অতিবাহিত করেছেন। আরেক জন ব্যবসায়ী কিন্তু অনেক উন্নতি করেছেন। তাঁর ব্যবসার অনেক বৃদ্ধি হয়েছে। তিনি এখন কয়েকটি কর্মচারী নিয়োগ করেছেন, তার কাজের সাহায্য করার জন্য। কর্মচারীদের তিনি ঠিকঠাক মাইনেও দেন সময়মতোই। এতে তার সাথে সাথে তার কর্মচারীদের সংসার ভালোভাবেই চলে।

কেন এমনটা হয়? বাস্তবে এরকম ভুরি ভুরি হয়ে থাকে, একটুখানি খেয়াল করলেই এধরনের উদাহরণ পাওয়া যাবে। বিশ্লেষণ করলেই দেখা যায় ঐ ব্যক্তিদ্বয়ের মানসিকতা। দেখবেন একজন সবসময় নিজের

অভিজ্ঞতা বা শিক্ষার দিকে লক্ষ্য রেখে গিয়েছেন ও দিন দিন তা বাড়িয়ে গেছেন নীরবে। দিন দিন সেই শিক্ষা তাদের ব্যবসার কাজে লাগিয়েছেন। সমস্ত ব্যাপারটিই তিনি করেছেন খুব সৎভাবে সময়ের সাথে সঠিক তাল মিলিয়ে। তিনি তাঁর দক্ষতা দিন দিন বৃদ্ধি করেছেন। তিনি নিজের শিক্ষায় কোনদিনই সন্তুষ্ট হন নি। প্রয়োজনে তিনি অধিক পরিমাণ পরিশ্রম করেছেন দিনের পর দিন। এরপর তিনি তার দক্ষতার সফল প্রয়োগ করেছেন। প্রয়োজন পড়লে নিজের কর্মচারীদের ও তিনি দক্ষতা বৃদ্ধি করেছেন। এছাড়া তার ব্যক্তিগত আচার ব্যবহার ও দেখবেন ভালো এবং তিনি সুদূরপ্রসারী পরিকল্পনা করে যাচ্ছেন। ভালো ব্যবহার ও ভালো পরিকল্পনা সফল প্রয়োগ সবসময় সকল মানুষকে অধিক উপকার প্রদান করে।

তাই বলা হয়, আজ যে যেখানেই আছেন, তার জন্য তিনিই এবং কেবলমাত্র তিনিই দায়ী।

কেউ অতীব ধনী হলেও তিনিই দায়ী। গরিবদের ক্ষেত্রেও এ ব্যাপারটি সমানভাবে সকলের জন্য প্রযোজ্য।

যিনি এই শিক্ষা থেকে নিজেকে সরিয়ে নিয়েছেন বা রাখছেন, তার মাশুল তাঁকেই একদিন দিতে হবে। সেটি হোক আজ বা কয়েকদিন পরে।

এক্ষেত্রে যেসকল পরীক্ষার্থী বর্তমানে চাকরির জন্য নিজেকে কোন এক পরীক্ষার প্রস্তুতি নিচ্ছেন তাদের ক্ষেত্রে ব্যাপারটা বিশেষভাবে প্রযোজ্য। তাদের মনে রাখতে হবে, ছোটবেলায় যে সকল পড়াশোনা স্কুলে পড়েছেন বা আপনি যতোই নম্বর পেয়ে থাকেন না কেন, আপনাকে পুনরায় শুরু থেকেই পড়াশোনা শুরু করতে হবে। সবসময় মনে রাখবেন, নম্বর পাওয়ার পড়াশোনা ও চাকরির প্রতিযোগিতার পড়াশোনা কখনোই এক নয়। তবে যারা ছাত্রাবস্থায় ভালোকরে পড়াশোনা করেছেন তারা অনেকেই অনেকটা বাড়তি সুযোগ সুবিধা পেয়ে থাকেন। এটা অবশ্যই সত্য।

এক কথায় বলা যায়, নিয়মিত শিক্ষা ও নিয়মিত অধ্যবসায়ের কোনরূপ বিকল্প নেই।

In short, there is no shortcut in learning which ultimately leads into grand success.

6

সঠিক পুস্তকের চয়ন

কথায় আছে না-" কোন রোগ সারাতে হলে সঠিক সময়ে সঠিক ঔষধ সঠিক পরিমাণে খাওয়া প্রয়োজন।"এছাড়া রোগ সারাতে হলে ডাক্তারের কাছে যাওয়ার প্রয়োজন আছে। এই কথাগুলো ধ্রুবসত্য। আমরা সকলেই মন্ত্রমুগ্ধের মতো শুনে আসছি এবং মেনেও চলি যুগের পর যুগ। বাজারে বহু নামকরা বই আছে, বিভিন্ন নামকরা লেখক বিভিন্ন চিন্তাধারায় সেগুলো রচনা করেছেন। বিজ্ঞান, সাহিত্য, কলা, ইত্যাদি বিভিন্ন ধরনের চিন্তাধারা ও পুস্তক গুলোতে সন্নিবিষ্ট হয়ে আছে। এক এক কালজয়ী সৃষ্টি সেগুলো। যুগে যুগে সেগুলো মানবজাতিকে আলো প্রদান করে আসছে। ঐ ঐ পুস্তক তাদের করেছেন যুগে যুগে অমর ও অজেয়।সকল পুস্তক কোনো না কোনো বিষয় বস্তুর উপর বিরচিত। তাদের রচনা করার কোন বিশেষ উদ্দেশ্যে আছে। প্রত্যেক গ্রন্থই মানুষের জীবনে কোনো না কোনো সুনির্দিষ্ট শিক্ষা প্রদান করে। পাঠকের ঐ বই চয়নের আগে জেনে নেওয়া প্রয়োজন তিনি কি চাইছেন।তাই আগে চাহিদা বিষয়ে সঠিক বিচার বিশ্লেষণ করে স্থির হওয়ার বিশেষ প্রয়োজনে আছে। এ বিষয়ে নিশ্চিত হওয়া গেলে সেই বিষয়ে শ্রেষ্ঠ পুস্তক গুলোর মধ্যে একটা বা পারলে একাধিক পুস্তক সংগ্রহ করা অতীব গুরুত্বপূর্ণ। ঐ নির্বাচন আপনার বা আপনার পরিবারের আমূল পরিবর্তন নিয়ে আসবে। সেটা শুধু সময়ের অপেক্ষা মাত্র।

আমি ব্যক্তিগতভাবে বিশ্বাস করি প্রত্যেক বই, পুস্তক বা গ্রন্থ যাই বলুন না কেন তার একটি সময়াচিত সুপ্রভাব আপনার জীবনে আসবেই আসবে। তাই সঠিক চয়ন অতীব জরুরী।এরপর সেগুলো অবশ্যই অধ্যয়ন করতে

হবে নিষ্ঠার সঙ্গে। এ ব্যাপারে যে ব্যক্তি যতই নিষ্ঠাবান হবেন তিনি তত তাড়াতাড়ি ঐ সুফল পাবেন। এই পুস্তক চয়নের জন্য অভিজ্ঞ ব্যক্তির সুপরামর্শ অবশ্যই নেওয়া উচিৎ এতে আপনার কাজটাই অনেক সহজ হয়ে যায়। জীবনের এই প্রতিযোগিতায় সকলের অংশগ্রহণ অবশ্যম্ভাবী। তাই হাত গুটিয়ে বসে থাকবেন না। জীবনের এই মহা সংগ্রামে অংশ নিন ও বিজয়ী হয়ে ইতিহাস রচনা করুন। প্রত্যেক মানুষের মস্তিষ্কের কার্যক্ষমতা বৃদ্ধি পায় তার মস্তিষ্কের ব্যবহারের উপর। নিজের উপর আত্মবিশ্বাস থাকলে আপনার জয়ী হওয়া কেউই আটকাতেই পারবে না।

৭

জ্ঞানের গভীরতা

কোন কাজ শুরু করার আগে আমাদের সবকিছু আগেপিছে ভেবে তার পর কাজ শুরু করা উচিৎ। ভাবনার পর আসে কোন পদ্ধতিতে কাজটি করা আপনার পক্ষে সহজতর সেটা ভেবে বের করা। এরপর তার পরিণতির দিকে এগিয়ে যেতে হবে। পূর্বের অধ্যায়ে এবিষয়ে সবিস্তারে আলোচনা হয়েছে। আমার ঐ সকল কাজ হয়ে যাওয়ার পর নিজেকে গড়ে তুলতে হবে অপ্রতিরোধ্য, অপ্রতিদ্বন্দ্বী। মনের কোনে বিন্দুমাত্র সংশয় রাখা এক্ষেত্রে নয় জীবনের সর্বক্ষেত্রেই হানিকর। সঠিক পাঠ্যপুস্তক অধ্যয়ন করতে হবে। প্রয়োজনে বারবার পড়তে হবে। এরপর এইসব বিষয়ে লিখে লিখে বারবার অনুশীলন করতে হবে। দেখবেন আপনার মনে একটা আলাদা মনের জোর চলে এসেছে। এই মনের জোর কিন্তু একদমই অমূলক নয় তা অমূল্য। এটা অনেকের ক্ষেত্রে অনেক সময় তারাতারি আসে আবার কারো কারোর ক্ষেত্রে আসতে কিছুটা দেরি হয়। তবে প্রত্যেক ব্যক্তির ক্ষেত্রে এই ব্যাপারে নিশ্চিত করেই বলা যায় এই মনের জোর আপনাকে উন্নতির এক শৃঙ্গে নিয়ে যাবেই।

এছাড়া প্রয়োজন হলে সমমনোভাবাপন্ন ব্যক্তিদের নিয়ে আলোচনা করা যেতে পারে। এই আলোচনা বা বিতর্ক তাই বলা হোক না কেন তা কিন্তু গঠনমূলক সমালোচনা হতে হবে। এতে ঐ সকলেই ভীষণ ভাবে উপকৃত হবেন এর কোন সন্দেহই নেই। যখন কোন কোন বিষয় অধ্যয়ন করা হয় ঐ বিষয় বা টপিকের উপরে যত ধরনের প্রশ্ন আসতে পারে তার ১০০ শতাংশ খেয়াল রাখতে হবে। এবিষয়ে কোনরূপ তারাহুরো করলে একদমই চলবে না। দিনের একটা সময় খুঁজে বের করতে হবে যখন কেবলমাত্র আপনি

নিজের কাজে লাগাবেন। ঐ সময়টা একান্ত ব্যক্তিগত। পৃথিবীর কাউকেও তখন ঐ সময়ে আপনার নিকট আসতে দিলে চলবে না। অর্থাৎ নিজেকে নিজের সময় সৎভাবে দিতে হবে। এটা শুধুই যারা প্রতিযোগিতার জন্য নিজেকে তৈরি করছেন তাদের জন্য সত্য নয় এটা পৃথিবীর সকল মানুষের ক্ষেত্রে সমানভাবে প্রযোজ্য। যারা এটা মেনে চলেন তারা দিন দিন উন্নতির চরম শিখরে ধীরে ধীরে পৌঁছে যান।

One should find time for oneself only. In that specified time nobody should be allowed to disturb. In that time he or she should use that time for their personal development. It is a step by step learning process. It is a continuous and very much useful process.

এটা যদি কোন ব্যক্তি এটা ঠিকঠাক মেনে চলেন, পরীক্ষার সময় ঐ জানা বিষয়ে কোনো রূপ প্রশ্ন এলে তিনি খুব ভালো ফল পাবেন এর কোন সন্দেহ আছে কি? আর কোন ব্যক্তি এটা সফলভাবে করতে পারলে তিনি নিশ্চিত সমাজের খুব উচ্চপদে আসীন হবেন। তাই পল্লবগ্রাহী হলে একদম চলবে না। কথায় আছে না 'অল্পবিদ্যা ভয়ঙ্করী'!

৪
সঠিক পদ্ধতিতে পাঠাভ্যাস

আমরা সকলেই জানি এই পৃথিবীতে জ্ঞানের পরিধি এত বেশি তা কারোর দ্বারা সঠিক মূল্যায়ন করা সম্ভব একদম নয়। তাই ইতিহাস ঘাঁটলে দেখা যায় এবং আমরা আমাদের আশেপাশে দেখতে পাই অনেক কম জ্ঞানি ব্যক্তি অনেক সময় উচ্চ পদে আসীন হয়ে যান আর অনেক জ্ঞানবৃদ্ধ ব্যক্তি অনেক নীচে থেকে সারাটা জীবন কাটিয়ে দিতে বাধ্য হয়। একটু বিস্তারিত আলোচনা করার সময় এর কারন আমরা জানতে পারি। যে বিষয়টি আমাদের গোচরে আসে তাহলো আমাদের যেকোন প্রতিযোগিতা মূলক পরীক্ষার ফলাফল তার ব্যক্তিগত মেধার মূল্যায়ন মোটেই হয় না। ঐ পরিক্ষার্থীদের মধ্যে সবথেকে যিনি ভালো লিখেছেন তাঁর ফলাফল সবথেকে ভালো হয়। সারা পৃথিবীতে এই ক্ষণস্থায়ী পদ্ধতিতেই কোন ব্যক্তির মূল্যায়ন করা হয়।

আমি ব্যক্তিগত ভাবে এই পদ্ধতির একদম সমর্থন করি না। সারা জগৎ যে পদ্ধতিতে কাজটি করতে চায় সেটা আমরা মানি বা না মানি কারো কিছুই এসে যায় না। তাই সঠিক এই ক্ষণস্থায়ী পদ্ধতিতে মেধার অন্বেষণ করা হয় সেখানে সাফল্যের মুখ দেখতে হলে কয়েকটি পন্থা অবলম্বন করলে অনেক ভালো ফল পাওয়া যায়।

প্রথমেই মনে রাখতে হবে, সারাজীবন আমরা মোটামুটি তিন ধরনের পড়াশোনা করে থাকি।

১) বিদ্যালয়ের পড়াশোনা--

এটা মুলত বাচ্চা বেলা থেকে শুরু করে বিশ্ববিদ্যালয় পর্যন্ত সম্প্রসারিত হয়। এটা দিয়েই আমাদের academic career বা শিক্ষাগত যোগ্যতা তৈরী হয়। যেটা পরবর্তী সময়ে আমাদের বিভিন্ন ধরনের পেশা বেছে নেওয়ার কাজে আবশ্যিক। এই আবশ্যিক মাপকাঠিতে উত্তীর্ণ হলেই আমরা বিভিন্ন ধরনের চাকরির প্রতিযোগিতার জন্য যোগ্য বলে বিবেচিত হয়।

২) বিষয় ভিত্তিক বা কর্ম ভিত্তিক পড়াশোনা--

এই ধরনের পড়াশোনা বিদ্যালয় ভিত্তিক পড়াশোনায় অনেক সময় নির্ভর করে। অনেকাংশে সফলতার মুখ দেখতে হলে পড়াশোনা আরো গভীরে করতে হবে। বর্তমানে বিভিন্ন অংশে যেরূপ প্রতিযোগিতা চলছে তাতে এই ধরনের পড়াশোনাও প্রাতিষ্ঠানিক রূপ নিয়েছে। বর্তমানে বিভিন্ন সংস্থা এই ধরনের শিক্ষা প্রতিষ্ঠানের মাধ্যমে বিভিন্ন চাকরি প্রার্থীদের শিক্ষা দান করছেন। তারা মুলত কোনরূপ ডিগ্রী প্রদান করে না। তারা চাকরি প্রার্থীদের প্রশিক্ষণের মাধ্যমে আরো পারদর্শী করে তোলে। এতে চাকরি প্রার্থীরা অনেকেই সাফল্য হয়ে জীবনে একটা অর্থনৈতিক ও একটি সামাজিক প্রতিষ্ঠা পেয়েছেন।

৩) জানার জন্য শিক্ষা--

এটা অনেকটা সোনার পাথর বাটির মতোই শোনায়। প্রকৃত ভাবে সব শিক্ষাই জানার জন্য। প্রথম ক্ষেত্রে, ডিগ্রী পাওয়া যায়। দ্বিতীয় ক্ষেত্রে রুজি রোজগার পাওয়া যায়। তৃতীয় ক্ষেত্রেই এসব কিছুই পাওয়া যায় না, কিন্তু অফুরন্ত মানষিক শান্তি পাওয়া যায়। এতে জ্ঞানের পরিধি প্রশ্নাতীত ভাবে বৃদ্ধিপ্রাপ্ত হয়। নতুন নতুন জীবনের দিকে উন্মোচিত হয়। মানুষের আইডিয়ার এক সার্ব সাকুল্যে চরম উন্নয়ন ঘটে। মানষিক বিকাশ ঘটে যা মানব জাতির জন্য খুবই গুরুত্বপূর্ণ ও উপযোগী।

জীবন যুদ্ধে টিকে থাকতে হলে মানুষকে প্রতিদিন নতুন নতুন জ্ঞান বিজ্ঞানের সাথে পরিচিত হতেই হবে, অন্যথায় পিছিয়ে পড়তেই হবে। যে ব্যক্তি একবার পিছনে তাকায় তার অবনতি হয়েছে বলে মনে করা হয়। যিনি সব সময়ই এগিয়ে আসতে চান, ভালো করে দেখবেন তিনি সদা জাগ্রত এবং অন্যান্য সকল বিষয়ে নিজেকে নিশ্চিত পারদর্শী করে রেখেছেন।

৩

দশ ধরনের পড়াশোনার পদ্ধতি আছে। সেগুলি এখানে সংক্ষেপে আলোচনা করা হল।

I) SQ3R পদ্ধতি,

এই পদ্ধতিতে শিক্ষার্থীদের বইয়ের গুরুত্বপূর্ণ বিষয় গুলিকে অনুধাবন করান হয়ে থাকে। এই পদ্ধতিতে গোটা প্রক্রিয়াটি পাঁচটি ধাপে বিভাজিত করা হয়। সেগুলি হল খুব বেশি প্রাসঙ্গিক।

ক) জরিপ(Survey)

এক্ষেত্রে গোটা ব ই পড়ার বদলে প্রত্যেক অধ্যায়ের গুরুত্বপূর্ণ তথ্যাবলী খুঁজে বের করে সেগুলো লিপিবদ্ধ করা হয় আলাদা ভাবে।

খ)প্রশ্ন(Question)

অধ্যায় থেকে আমরা কি কি শিখলাম এবং কি কি প্রশ্ন আসতে পারে সেগুলা নির্নয় করে লিপিবদ্ধ করা হয়।

গ) অধ্যয়ন(Read)

এরপরে সমগ্র অধ্যায় থেকেই আমরা ঐ সকল প্রশ্নের উত্তর লিখতে হবে।

ঘ)পাঠ করা(Recite)

পড়াশোনা করার পরে এগুলিকে নিজের ভাষায় পরিবর্তিত করে গুরুত্বপূর্ণ তথ্যাবলী মনে করতে হবে।

ঙ) ফিরে দেখা (Review)

অধ্যায়টি মনে রাখার জন্য বা আকর্ষণীয় করার জন্য কুইজ ইত্যাদি করে আরো ভালোভাবে হৃদয়ে গেঁথে নিতে হবে। প্রয়োজনে গুরুত্বপূর্ণ বিষয়কে আরেকবার ভালোভাবে বুঝতে হবে।

II) পুনর্নবীকরণ পদ্ধতি(Retrieval Practice)-

একবার পড়ে কিছুদিন পড় ঐ বিষয় আবার পড়তে হবে। এতে কতটা মনে আছে তারও পরীক্ষা হয়ে যায়। এই পদ্ধতিতে শিক্ষার্থীদের বইয়ের গুরুত্বপূর্ণ বিষয় আবার মনে করতে হয়। এরফলে বিষয়টি আরো ভালো ভাবে বোঝা হয়ে যায় এবং বিষয়টি মনের গভীরে গেঁথে যায়।

এতে বারবার অনুশীলন করা হয় পরীক্ষা নিরীক্ষা চালিয়ে। নিজেই ঐ প্রশ্ন তৈরি করে নিজেই উত্তর লিখলে এবং কি লিখলাম সেটি মুল গ্রন্থের সাথে মিলিয়ে দেখা হয় এবং উত্তরের মানোন্নয়ন করার পরিকল্পনা নিতে হবে। এতে প্রয়োজন হলে আবার উত্তরটি সংশোধন করা হয়।

এতে ক্লাসকার্ড ব্যাবহার করা হয়। ঐ কার্ড গুলি স্টাডি রুম বা পড়ার ঘরের দেওয়ালে ঝুলিয়ে রাখা হয়। প্রশ্নের সংক্ষিপ্ত উত্তর ও নিচে লেখা থাকে। তাই সব সময় বই খোলার প্রয়োজন হয় না।

III) নিরবিচ্ছিন্ন পদ্ধতি(Spaced Practice)-

এই পদ্ধতিতে শিক্ষার্থীদের অনেক সময় ধরে একই বিষয়ে মনোনিবেশ করতে হবে। এটা সময় সাপেক্ষ। খুব আগে থেকেই যদি পরিকল্পনা করে এগোনো যায় এই পদ্ধতি খুবই কার্যকর হয়। মেধাবী শিক্ষার্থীদের মেধার পিছনে এই পদ্ধতিটি কার্যকারী ভূমিকা নিয়ে থাকে।

এতে মনে ঐ বিষয় একটি ধারনা তৈরী হয়ে যায়। ফলে আর মনে রাখতে হয় না। মনে আপনার এমনিতেই সব কিছু থেকে যায়।

এই পদ্ধতিতে শিক্ষার্থীদের কয়েকটি ধাপে মনে রাখতে হবে

প্রথম দিন- জিনিস ভালো করে পড়ে নিতে হবে ।

দ্বিতীয় দিন- আবার ঐ বিষয়টি পুনরায় পড়তে হবে এবং ভালোভাবে বুঝতে হবে।

তৃতীয় দিন- আবার পড়তে হবে পুনরায় ও আবার ভালোভাবে বুঝতে হবে।

এক সপ্তাহ পর- আবার পড়তে হবে ও বুঝতে হবে।

দুই সপ্তাহ পর- আবার পড়তে হবে ও দেখে নিতে হবে সবটা মনে আছে কিনা। এতে বিষয়টি আত্তীকরণ হয়ে যাওয়ার সম্ভাবনা খুবই প্রবল।

IV) PQ4R পদ্ধতি-

এই পদ্ধতিতে ছয় ধাপে জিনিসকে মনে রাখার চেষ্টা করা হয়।

পূর্ব দেখা(Preview)- এতে পড়াশোনা করার আগে বিষয়টি কি আছে তার ধারণা করা হয় তখন বইটির পাতাগুলো উল্টে পাল্টে দেখে নিয়ে একটা সাধারণ ধারণা তৈরি করা হয়।

এরপরে প্রশ্ন তৈরী (Question) করার পর সমগ্র অধ্যায় পড়াশোনা (Read) করা হয় এবং এসকল প্রশ্নের উত্তর খুঁজে বের করা হয়। এরপর আবার দেখে নেওয়া হয় (Reflect) সব প্রশ্নের উত্তর পেয়েছি কিনা? এরপর নিজের ভাষায় (Recite)সেগুলো ভালোভাবে অধ্যয়ন করা হয়। শেষ ধাপে দেখে নিতে হয় (Review)যেগুলো জানলাম সব মনে আছে কিনা!

V) ফেঁইম্যান পদ্ধতি-

কোন বিষয় পড়াশোনা করে আমি কি জানলাম সেটা প্রথমে খাতায় লিখতে হয়। তারপর সেটি নিজের ভাষায় বর্ণনা করা হয়। এরপর যেটা

লেখা হল সেটা কতটা প্রাসঙ্গিক তা মূল গ্রন্থ থেকে পরীক্ষা নিরীক্ষা করে দেখতে হয়। যেগুলো ভুল হলো সেগুলো আবার ঠিক করে নিতে হয়।

এই পদ্ধতি শিক্ষকদের ক্ষেত্রে সবথেকে কার্যকারী।

VI) লেইটনার পদ্ধতি-

এটা খুবই বিষয় ভিত্তিক ও জটিল বলে মনে হয়েছে। এই পদ্ধতিতে ক্লাসকার্ডের মাধ্যমে পড়াশোনা করা হয়। প্রথাটি জটিল বলে আলোচনা করা হলো না।

VII) রং-কোড-নোট-

এতে বইয়ের ওপরে বিভিন্ন রঙের কালি ব্যবহার করা হয়। এই রঙিন পাতাগুলো মস্তিষ্কের কার্যক্ষমতা বৃদ্ধি করে এবং ঐ পদ্ধতি বিশেষ ভাবে মানুষের জীবনে প্রভাব ফেলে।

VIII) মনের মানচিত্র করণ(Mind Mapping)-

এক্ষেত্রে পড়ার পরিবর্তে বিষয়টি ছবি দেখে বা ভিডিও দেখা হয়। এর মাধ্যমে বিষয়টি খুব সহজেই মনে থেকে যায়। বর্তমানে ঐ পদ্ধতি বহুল প্রচলিত, বিশেষতঃ ছোট বেলায় বাচ্চাদের জন্য চমৎকার এই পদ্ধতি। এতে বাচ্চাদের মস্তিষ্কের অভ্যন্তরীণ বিকাশ খুব ভালো হয়।

IX) পড়াশোনা করার আগে ব্যয়াম-

অনেকে সময় দেখা যায় জড়তা যুক্ত মনে বিষয়বস্তু ঠিকঠাক বুঝতে পারা যায় না। তাই একটানা পড়াশোনা করার মাঝে মাঝে যদি একটু ঘুরে আসা যায় বা একটু খালি হাতে ব্যয়াম করা যায় তাহলে মনের জড়তা কাটিয়ে উঠতে পারবেন। বিজ্ঞান সম্মত ভাবে বিষয়টি সত্য।

X) শোয়ার আগে পড়াশোনা-

শোয়ার আগে পড়াশোনা করলে ঘুমিয়েই অনেক সময় স্মৃতি গুলো ফিরে ফিরে আসে এবং মনে চিরকাল জায়গা করে নেয়। ইংল্যান্ডের ইয়র্ক বিশ্ববিদ্যালয়ের একদল গবেষক দেখেছেন আমাদের মস্তিষ্ক একধরনের স্মৃতি তৈরি করে যেগুলো আমরা ঘুমের আগে পড়ি। তাই ঘুমাতে যাওয়ার আগে যে বিষয়গুলো পড়া হয় সকলেই সেগুলো আরেক বার চর্চা করলে তা দীর্ঘস্থায়ী হয়ে যায়।

পরিশেষে বলা যায়, আমরা জেনে বা না জেনেই এই সকল পদ্ধতি গুলো সম্পূর্ণ বা একটু আধটু মেনে চলি। বিজ্ঞানীরা পরীক্ষা করে দেখেছেন সকল মানুষ ঐ সকল পদ্ধতি যদি ভালো করে মেনে চলেন তাহলে তাদের আমূল উন্নতি সাধিত হবে। এতে সন্দেহের কোনরূপ অবকাশ নেই।

৭

দুর্দমনীয় মানসিক শক্তি

কোন মানুষ মনে মনে যেটা ভাবেন তিনি সেটাতেই পরিনত হন। এর জন্য অনেক সময় বড় বড় আত্মত্যাগ করতে হয়। যে ব্যক্তি জীবনে যত সফল, সেই ব্যক্তির ইতিহাস একটু খোঁজ নিয়ে দেখলে দেখা যায় তিনি তত আত্মত্যাগ করেছেন। অর্থাৎ তিনি সমাজের বিভিন্ন আগুনে পুড়ে পুড়ে খাঁটি হয়েছেন। আমরা এখানেই নিজের ব্যক্তিত্ব কিভাবে বাড়ানো যায় সেই বিষয়ে আলোচনা করবো। আর কিছু ব্যক্তি জন্ম থেকেই ঈশ্বরের আশীর্বাদ প্রাপ্ত বলে আমরা সাধারণত মনে করি। তাদের বিষয়ে আলোচনা করবো। কেনই বা তারা এরূপ আশিষ প্রাপ্ত সে বিষয়ে খুঁটিনাটি জানবো। তারা কি অন্য জগতের মানুষ! না আর দশটা সাধারণ মানুষের মতো সেটাও জানব। এজন্য একটু আমাদের বিজ্ঞানের সহায়তা নিতে হবে। আমরা সকলেই জানি, যেটা আমাদের করতে ভালো লাগে সেটাই যদি আমরা করি অনেক ভালো ভাবে করি। এতে আমাদের শরীর ও মন অনেক ভালো থাকে। আর ঠিক সমস্যাটি এখানেই নিহিত থাকে। বেশিরভাগ সময় আমাদের যেটা ভালো লাগে সেটাই করি আর যেটা করলে ভবিষ্যতে ভালো হবে সেটাই মোটেও করি না।

তাই সেটাই ভালো লাগা উচিত যেটা করলে ভবিষ্যতে ভালো হবে। এই দুটি ক্ষেত্রে মিলে গেলে সেই ব্যক্তির ভবিষ্যতে উন্নতি কেউ থামাতে পারেনা। তাঁর উত্তরোত্তর শ্রীবৃদ্ধি ঘটে। আর তার ভালো লাগা বিষয়টা যদি ভবিষ্যতে কোনভাবে ভালো ফল না দেয় সেক্ষেত্রে তাঁর ব্যক্তিগত স্তরে আলাদা ভাবে

ভাবনা চিন্তা করা উচিৎ। আমরা অনেকেই জানি আমরা একটি বিশেষ জিনিসকে ভালোবাসি কেন? কেন আমরা বিশেষ কিছু করতে ভালোবাসি?তার কারন আমরা যেটা করতে ভালোবাসি সেটা অনেকটা করতে অভ্যস্ত হয়ে যাই। আবার যেটা করতে অভ্যস্ত হয়ে পড়ি সেটাই ভালোবাসি। এর পিছনে একধরনের জৈব পদার্থ দায়ী। আমাদের মস্তিষ্ক থেকে ক্ষরিত হয় এই পদার্থ, নাম ডোপামিন। যেটা করতে আমরা যতো ভালোবাসি, সেক্ষেত্রে তত বেশি ডোপামিন ক্ষরিত হয়ে থাকে। যদি কেউ পড়াশোনা করতে ভালোবাসে তাহলে পড়াশোনার সময় ডোপামিন ক্ষরিত হয়ে যায়। বিষয়টি ঐ ব্যক্তিটির ক্ষেত্রে অত্যন্ত শুভ। উনি জীবনে দিন দিন উন্নতির শিখরে উঠবেন কোন সন্দেহই নেই।

সমস্যাটি হয় অন্য সময় যখন ব্যক্তিটি এমন কিছু ভালোবাসেন যেটা করলে ভবিষ্যতে উন্নতি তো হবেই না বরং ক্ষতি হওয়ার সম্ভাবনা আছে। তেমন উদাহরণ স্বরূপ বলা যায়, ব্যক্তিটি জুয়া খেলার নেশায় আশক্ত। এক্ষেত্রে ঐ জুয়া খেলার সময় উনার ডোপামিন ক্ষরিত হয়। এক্ষেত্রে যদি সঠিক চিকিৎসা না করা হয় তখন দিন দিন ঐ ব্যক্তি রসাতলে যাবেন। তাই কোনরূপ বদ নেশা ধরার আগে পরিবারের যথেষ্ট সচেতন হওয়া প্রয়োজন। অন্যথায় ঐ বদ নেশা ঐ ব্যক্তির উন্নতির ক্ষেত্রে অন্তরায় হয়ে দাঁড়ায়। ঐ অবস্থা কোন পরিবারের সদস্যদের ক্ষেত্রে একদমই সুখকর নয়। সন্তান সন্ততি কোন দিকে যাবে তা পরিবারের সদস্যদের কার্যকলাপের উপর অনেকটাই নির্ভর করে।

অনেক সময় সঠিক চিকিৎসা বা কাউন্সিলিং অনেক বিপদের হাত থেকে এই ধরনের মানুষদের পুনরুজ্জীবিত করতে পারে। তাই সমস্যা এলে হাত গুটিয়ে বসে থাকবেন না। প্রয়োজনে এই গুরুত্বপূর্ণ সিদ্ধান্ত আমাদেরকেই নিতে হবে একদমই পিছপা হলে চলবে না। আরেক ক্ষেত্রে আমরা নিজেদের উন্নত করতে পারি। ভবিষ্যতের ক্ষেত্রে যেটা ভালো এরূপ বিষয়কে আমরা ভালোভাবে অনুশীলন করতে শুরু করতে পারি। যেমন উদাহরন স্বরূপ বলা যায়, বই পড়া অভ্যাস রপ্ত করা। এক্ষেত্রে যদি একজন চাকরি প্রার্থী পড়াশোনাকে নেশায় পরিনত করতে পারে সে একদিন ভালো পেশায় নিয়োজিত হয়ে যায়। দিন দিন সে নিজের জীবনের উন্নতি করতে থাকে। তার প্রস্তুতি এক সময় এমন উচ্চতায় পৌঁছে যায় সেটা ঐ চাকরি প্রার্থীর কাছে অমূল্য হয়ে ওঠে। তখন তিনি যে পরীক্ষায় বসেন না কেন খুব সহজেই সেখানে নিজের সাফল্যের ছাপ রেখে যেতে পারেন। তাই সাফল্যের চাবিকাঠি

অন্য কোথাও নেই, সাফল্য আসে নিজের সৎ প্রচেষ্টা, পরিশ্রম ও একাগ্রতার উপর।

আজেবাজে দিকে নিজের মন দেবেন না, এক্ষেত্রে এই একাগ্রতার ভূমিকা অপরিসীম ও অপরিহার্য। শান্ত মনে ধীরে ধীরে এগুলো চলুন। দেখবেন ঈশ্বর আপনার সর্বদাই সাথে আছেন। সকলকেই ভালো বাসুন ঘৃণা করবেন না কাউকেই। এই ঘৃণা করতে ও আমাদের মস্তিস্কের স্মৃতিশক্তি অনেক খরচ হয়। এছাড়া অযথা মাথা গরম হয়ে যায় যেটা একাগ্রতার উপর বিরূপ প্রভাব বিস্তার করে।

10
সম্পর্ক

প্রত্যেক মানুষ বেঁচে থাকে সম্পর্কে কারন মানুষ সমাজবদ্ধ জীব। একটি ছোট বাচ্চা জন্মের পর তার পরিবারের সাহচর্যে বড়ো হয়। তার ধীরে ধীরে শিক্ষা শুরু হয়। বাবা মা দুজনেই তাদের আদর্শ জ্ঞাতসারে বা অজ্ঞাতসারে তাঁদের সন্তানদের মধ্যে সঞ্চারিত করেন। এই সকল সম্পর্ক গুলো হচ্ছে অক্সিজেন। এর ছাড়া কোনভাবেই মানুষ বাঁচে না। এছাড়া কিছু সামাজিক সম্পর্ক আছে যেমন শিক্ষক শিক্ষিকা, বন্ধু, সহচর, সহচরী ইত্যাদি। এগুলোর সাথে কোন রক্তের সম্পর্ক থাকে না। তাহলেও আমাদের জীবনে ঐ সকল মানুষেরা গুরুত্বপূর্ণ ভূমিকা গ্রহন করে। এরা আমাদের জীবনে শুধু ওতোপ্রতোভাবে জরিতই থাকে না আমাদের বহুকিছু তাঁদের উপরেই নির্ভর করে। একটু বড়ো হয়ে যাওয়ার পর বাচ্চারা তাদের বন্ধুদের উপর অনেকটাই নির্ভর করে। তাই বাচ্চারা কাদের সাথে মেলামেশা করবে তার উপর অনেক কিছুই নির্ভর করে। এক্ষেত্রে মা বাবার উপর অনেক দ্বায়িত্ব বর্তায়। তাদের বিশেষ করে মনে রাখা উচিৎ তাদের সন্তানদের মস্তিষ্কের গঠন অনেকাংশে তাদের সহচরদের ক্রিয়াকলাপের উপর প্রায় সবটাই নির্ভর করে। তাই কার সাথে সন্তানেরা মেলামেশা করছে তার উপর কড়া নজর রাখা অতীব গুরুত্বপূর্ণ বিষয়। শুধু তাই নয়, প্রয়োজন পড়লে হস্তক্ষেপ সাথে সাথেই করতে হবে।

এছাড়া বাচ্চার মস্তিষ্কের যাতে সুস্থ বিকাশ হয় তার উপর খেয়াল রাখতে হবে। এজন্য তাদের উপযুক্ত শিক্ষার সাথে সাথে ভালো সংস্কার ও দিতে হবে। এরফলে ঐ শিশু একদিন এক সুনাগরিক হয়ে উঠবে। যেটা সকল মা বাবার সাথে সাথে আমাদের সমাজ ও দেশের মানুষ আশা করে। এক

সুশিক্ষিত ও সংঘবদ্ধ সমাজ গড়ে তোলার জন্য শিশুদের শুরু থেকেই শিক্ষা প্রদান করা উচিৎ। খুব দুঃখজনক হলেও এটাই সত্য এখনকার অনেক মা বাবা তাদের সন্তানদের মস্তিষ্কের কার্যক্ষমতা বৃদ্ধি করতে গিয়ে এক ইঁদুর দৌড় শুরু করে দেন। এর ফলে শিশু সুলভ চপলতা কৃত্রিম শিক্ষার বোঝায় চাপা পড়ে যায়। এতে হিতে বিপরীত হতে পারে। এরফলে সুনাগরিক হওয়ার বদলে এক হিংস্র, হিংসুটে, মেরুদন্ডহীন নাগরিক হয়ে ওঠে এসকল শিশুরা। অথচ ওদের যদি যথাযত শিক্ষা সঠিক সময়েই দেওয়া যায় তাহলেই তাদের মতামতের যথেষ্টই বিকাশ হতো। এরফলে দেশ , সমাজ ও পরিবার এর ফলে অবশ্যম্ভাবী উপকৃত হতো। কথায় আছে না- " Charity begins at home."

অনেকে ভাববেন শিশুদের কারোর সাথে ছোটবেলায় মেলামেশা করতে দেবেন না কারন শিশু মস্তিস্ক কোনটা ভালো আর কোনটা খারাপ সেটা জানতে পারে না। এই চিন্তা অনেক ক্ষেত্রে সঠিক বলে প্রমাণিত হলেও শিশুদের মস্তিষ্কের স্বাভাবিক ও সর্বাত্মক বিকাশের জন্য তাদের খোলামেলা পরিবেশ প্রয়োজন । যদি তাদের জন্য এক এমন কিছু অভিব্যক্তি প্রকাশ করা যায় তাতে তারা অন্তর থেকে কিছু ভালো করার উৎসাহ জাগে সেটাই তাদের নিজেদের সুশিক্ষার সবথেকে ভালো উপায়।

সন্তানদের ভবিষ্যৎ মা বাবার উপর অনেক কিছুই নির্ভর করে। এটা সবসময় ভালো করে ভাবা উচিত। আবার এটাও মনে রাখতে হবে বাচ্চারা যখন বড়ো হয় তখন তাদেরকে একা একা ছেড়ে দিতেই হবে এতে সমাজের সকল ধরনের মানুষদের সাথে তাদের নিজেদের পরিচয় হয়ে যায়, সেটা জীবন গঠনে অতীব গুরুত্বপূর্ণ ভূমিকা পালন করে। মা বাবার এটা বোঝা দরকার যে চিরকাল তারা থাকবেন না। এই পৃথিবী নামক জঙ্গলে একাই সকলকে বেঁচে থাকতে হয়।

একটু বড়ো হয়ে গেলেই দেখা যায় ছাত্র ছাত্রীদের একটা দল বা গ্রুপ তৈরি হয়ে যায় স্বাভাবিকভাবেই। "Birds with same feather flock together." এই কথাগুলো এই সময় খুবই কার্যকর রূপে দেখা যায়। তাই এই সময় সঙ্গী নির্বাচন ভবিষ্যতে এক গুরুত্বপূর্ণ প্রভাব ফেলে। সব সঙ্গীর মনের গভীরের স্বপ্ন বা আশা এক হলে সকলেই নিজের নিজের জীবনের লক্ষ্যগুলো অনেক সহজেই বাস্তবায়ন করতে পারে। এক্ষেত্রে তারা গ্রুপ স্টাডি, গ্রুপ ডিস্কাসন খুব সহজেই করতে পারে। সেগুলো সকলের ক্ষেত্রেই খুবই গুরুত্বপূর্ণ বলে বিবেচিত হবে।

11

খাওয়া দাওয়া

আমাদের অভিজ্ঞতা বা শারীরিক ভাষায় অনেক কিছুই নির্ভর করে। বয়েস বাড়ার সাথে সাথেই অভিজ্ঞতা দিন দিন বেড়েই চলে। তাই এই অভিজ্ঞতার আলোকে অনেক সময় অনেক কিছু শেখার মজা পাওয়া যায়। অনেক সময় পড়েও অনেক অজানা তথ্য জানতে পারবেন।

আমাদের মুল বিষয় খাওয়া দাওয়া নিয়ে আলোচনা করা এখানে বিশেষভাবে প্রয়োজন। এই খাওয়া ও পড়ে আত্তীকরণ ব্যাপারটা কিন্তু বেশ জটিল প্রক্রিয়া। তাই কি খেলে কি হয় তার একটা ছোঁট ধারণা এখানে দেওয়া প্রয়োজন আছে।

মুলত আমরা এই খাদ্যকে দুই ভাগে ভাগ করি। প্রথম যেখান থেকে আমরা কোনরূপ শক্তি উৎপাদন করতে পারি না কিন্তু সেগুলো আমাদের শরীরে অবশ্যই প্রয়োজনীয়। এগুলি হল মিনারেল বা খনিজ পদার্থ এছাড়া কিছু মৌল যেমন আয়রন, সোডিয়াম, পটাশিয়াম, ম্যাগনেশিয়াম, আয়োডিন। এগুলো বিভিন্ন যৌগিক পদার্থের মধ্যেই আমাদের দেহে প্রবেশ করে। বিভিন্ন ধরনের ভিটামিন আমাদের দেহে উপযুক্ত মাত্রায় প্রয়োজন হয়। ভিটামিন A, B কমপ্লেক্স, C , D, E , K, H ইত্যাদি। এই সকল ভিটামিন শরীরের মধ্যে বিভিন্ন উপাদানগুলোকে সঠিক কাজ করতে সাহায্য করে। এর ফলস্বরূপ তারা শরীরের সুস্হতা বজায় রাখতে সাহায্য করে। কথায় বলে Health is wealth.স্বাস্হ্যই সম্পদ। তাই সঠিক সময়ে সঠিক খাদ্যাভ্যাস ও সঠিক পরিমাণ ঘুম শরীরের সুস্হতার পক্ষে অতীব গুরুত্বপূর্ণ ভূমিকা পালন করে।

যেসকল খাদ্য থেকে শক্তি উৎপাদন হয় সেগুলো হলো শর্করা বা Carbohydrates, স্নেহ পদার্থ বা Fat, প্রোটিন। শর্করা বা প্রোটিন থেকে ৪.২ কে ক্যালোরি ও ফ্যাট থেকে ৯.২ কে ক্যালোরি শক্তি থাকে এটা আমরা সবাই জানি। তাই সঠিক সময়ে সঠিক আহার করা খুবই জরুরি।

অনেকে সময় আমরা বিভিন্ন ধরনের শাকসবজি, ফলমূল খেয়ে থাকি সেগুলি থেকেই আমরা প্রায় সবকিছুই পেয়ে থাকি। মাছ, মাংস ডিমসহ বিভিন্ন প্রকার ডালশষ্য আমাদের দৈনিক প্রোটিনের চাহিদা পূরণ করে। ভাত, রুটি আমাদের শর্করা জাতীয় খাবারের উদাহরণ হিসেবে বিবেচনা করা হয়। এদের থেকে আমরা দৈনন্দিন জীবনে প্রয়োজনীয় শক্তি পেয়ে থাকি। বিভিন্ন ধরনের তেল, ঘি বা প্রাণিজ চর্বিযুক্ত খাবার আমাদের ফ্যাটের চাহিদা পূরণ করে। যদি আমরা এদের সরলতম হিসাবে বিবেচনা করি তাহলে গ্লুকোজ, ফ্যাটি এসিড ও এ্যমিনো এসিড খাদ্য। আমাদের শরীরে জটিল আকারে ঐ খাদ্য প্রবেশ করে। আমাদের দেহ বিভিন্ন উৎসেচকের মাধ্যমে ঐ জটিল খাদ্যকে ভেঙ্গে সরল ও বিপাক যোগ্য তরল পদার্থে পরিণত করে। এই সমগ্র প্রক্রিয়াটি যে পদ্ধতিতে হয় তাকে পরিপাক (Digestion) বলে। এই সমগ্র প্রক্রিয়া সম্পন্ন হয় জীব কোষের বাইরে।

এরপর আন্তর্কোষীয় প্রক্রিয়া শুরু হয়। এটা বিপাক(Metabolism) নামে পরিচিত। এই বিপাক কিন্তু দুই প্রকার একটা গঠনমূলক (Anabolism) ও ধ্বংসাত্মক(Catabolism). কোষের মাইটোকন্ড্রিয়ার মধ্যেই এই বিপাক ক্রিয়া সাধারণভাবে সংঘটিত হয় ও আমরা ADP থেকে ATP তৈরির মাধ্যমে প্রচুর পরিমাণে শক্তি পেয়ে থাকি। আমরা তাই এই অফুরন্ত এই শক্তি বৃথাই শেষ করতেই পারি না। ভেবে দেখুন, যেটা তৈরি হয় এত জটিল প্রক্রিয়ার মাধ্যমে, সেই শক্তি সবসময় ভালো কাজে নিজেদের বা সামাজিক উন্নয়নে ব্যবহার করা উচিৎ।

12

মস্তি না মস্তবড় ব্যক্তিত্ব

প্রত্যেকের জীবনে ছোটবেলার এক একটা স্বপ্ন থাকে বড়ো হয়ে কিছু একটা হওয়ার। বাস্তবের চিত্রের সাথে কখনোই কি তার মিল থাকে? আমরা জানতে পারি এরূপ হওয়ার কারন। বড়ো হয়ে ওঠার পিছনে অনেক বলিদান থাকে অনেক আত্মত্যাগ থাকে। এই আত্মত্যাগ কেবল তারই নয়। আত্মত্যাগ তার পরিবারের সদস্যদের ও তার নিজের। অনেক সময় আত্মত্যাগ পয়সার, স্বচ্ছন্দের ও অনেক সময় বা অমূল্য অন্যকিছু। জীবনের এই ছোট্ট ছোট্ট আত্মত্যাগ অনেক সময় শিশুর মনে অনেক বড়ো হয়ে ওঠে। সেগুলি পরবর্তী সময়ে শিশুর সঠিক ভাবে লালন পালনে সহায়তা করে। ছোট্ট শিশুর মনে ছোট ছোট অনেক কিছু বড়ো হয়ে দেখা যায়। তাই শিশুদের সাথে ব্যবহার করার আগে অবশ্যই ভেবে চিন্তে কথা বলা উচিৎ। এবিষয়ে সিদ্ধান্ত নেওয়ার আগে শিশুর মনস্তাত্ত্বিক বিভিন্ন বিষয়ে ভাবনা চিন্তা করা উচিত।

কিছু কিছু জিনিস যা বর্তমানে ক্ষণিকের আনন্দ প্রদান করে সেগুলো ভবিষ্যতের জন্য ভালো ফল নাও দিতে পারে। তাই এগুলো নিয়ে সঠিক সিদ্ধান্ত নিতে হবে আমাদের। আমাদের বেছে নিতে হবে ক্ষণিকের আনন্দ বা উজ্জ্বল ভবিষ্যতের মধ্যে যেকোন একটি কারন উজ্জ্বল ভবিষ্যৎ এরকম বহু টুকরো টুকরো সুখের দিশা দেয়। তাই ঐ সকল সিদ্ধান্ত খুব ভেবেচিন্তে নেওয়া উচিৎ। বড়বড় সিদ্ধান্ত যদি ঠিক সময় ভেবে চিন্তে নেওয়া হয় তাহলে ভালো ফল প্রদান করে।

আমরা অনেকেই স্কুল কলেজের অনেক সহপাঠীদের দেখেছি মস্তিতে ডুবে থাকতে। আমি নিজেই সেসময় বহুবার হতাশাগ্রস্ত হয়েছি তাদের দেখে! পরক্ষনেই তখন ভবিষ্যতের কথা ভেবেছি একটু ঠান্ডা মাথায়, তখন বুজতে পেরেছি যে তারা মোটেও ঠিক কাজ করছে না। যা ভাবা তাই করা! আজ কালের স্রোতে হারিয়ে গেছে তারা কোন সে তলদেশে! ওদের সে সময়ের মস্তিটা ছিল বড়োই সস্তা। তখন ছিল পড়াশোনার সময় , তখন সেখানে তারা ফাঁকি দিয়েছিল, তাদের সুদে আসলে মাসুল গোনার পালা এখন।

তাই এখন আমারা যা করছি তারই ফল পাবো ভবিষ্যতে। ভালো কাজ করলে পাবো ভালো ফলাফল! আর আজ খারাপ কাজ করলে----

তাই যেটা আপনার ভবিষ্যৎ ভালো করবে সেটাই বেছে নেওয়া উচিৎ।

The choice is open to all, all the time and you have to choose the right one which suits for you the best for the future. The choice is yours.

13

মাইটোকন্ড্রিয়া

চলুন একটু আজ অন্য ভাবে একটু ভাবি। একটু বিস্তারিত আলোচনা করি বিজ্ঞান সম্মতভাবে। কোনরূপ চিন্তাধারার প্রয়োগ ছাড়াই অনেক সময় আমরা অনেক সময় ইচ্ছাকৃত ভাবে কুসংস্কার ও অপবিজ্ঞানের কাছে মাথা নত করে ফেলি। পড়ে জানতে পারি যে আমাদের ভুলটা কোথায়! তখন লজ্জায় লাল হয়ে যাই।আমরা একটি কথা প্রায়শই শুনি যে ছেলে না হলে নাকি বংশ থাকে না। এই বিষয়ে জীন তত্ত্ব দিয়ে বলা যায় যে মানুষের যে তেইশ জোড়া ক্রোমোজোম থাকে তাদের মধ্যে বাইশ জোড়া অটোজোম ও এক জোড়া সেক্স ক্রোমোজোম। ঐ একজোড়া ক্রোমোজোম লিঙ্গ নির্ধারণ করে। অর্থাৎ সন্তান ছেলে না মেয়ে হবে তা নির্ধারণ করে। লিঙ্গ নির্ধারক ক্রোমোজোম হল X ও Y ক্রোমোজোম। যদি XX এর মিলন হয় তাহলে সন্তান মেয়ে হবে আর XY এর মিলন হলে সন্তান ছেলে হবে। এই সকল ক্রোমোজোমের মধ্যেই DNA নামক পদার্থ থাকে। তাই যদি সন্তান কি হবে ছেলে না মেয়ে তার কিন্তু নির্ধারিত হয় বাবার দ্বারা। মায়ের দ্বারা মোটেই নয়।

এছাড়া আমরা অনেকেই হয়তো জানি না, নিউক্লিয়াস ছাড়াও আর এক জায়গায় DNA থাকে। সেটি হল মাইটোকন্ড্রিয়া। এই DNA গোলাকার। এই মাইটোকন্ড্রিয়ার মধ্যেই সকল শক্তি আমরা যে খাদ্য খাই সেখান থেকে নির্গত হয়ে যায়। এতে ATP ও ADP তৈরীর মাধ্যমে সকল এই জটিল কার্যাবলী সম্পাদন করা হয়।আচ্ছা বলুন তো এই মাইটোকন্ড্রিয়ার DNA কার কাছ থেকে আসে? বাবার কাছ থেকে না মায়ের কাছ থেকে?আশ্চর্য হলেও, এই

DNA কিন্তু আসে মায়ের কাছ থেকে। মোটেও বাবার কাছ থেকে নয়।

প্রকৃতির কি পরিহাস দেখুন, লিঙ্গ নির্ধারণ করে বাবা আর শক্তি উৎপাদন করেন মা। তাই অনেক সময় মা কে চরম শক্তির উৎস হিসেবে জ্ঞান করা হয়। এর বিজ্ঞান সম্মত মুক্তি এর থেকে কি হতে পারে। আমাদের অভিজ্ঞতা ও বিজ্ঞানসম্মত বিষয় থেকে আমরা জানতে পারি, মা বা বাবা, ছেলে বা মেয়ে কেউই স্বয়ং সম্পূর্ণ নয়। প্রকৃতির যে রহস্য আজো সম্পূর্ণ ভাবে প্রকাশ পায় নি। বিজ্ঞান ও বিজ্ঞানীরা ঐ রহস্য উন্মোচন করে চলেছেন নব নব দিগন্ত উদঘাটনের মাধ্যমে।আমাদের জ্ঞান আজ যেখানে সীমিত আগামী দিনে তা আরো বিস্তৃতি লাভ করবে নব বিষয় উদঘাটনের মাধ্যমে। এজন্য সকলকেই সব সময় উৎসাহিত করা খুবই জরুরী। তাই বংশগত ভাবে বিচার করলেও মা বাবা কেউই কারোর থেকে কিছুমাত্র কম যান না। তাই ঐ সব পুরাতন পুরুষ তান্ত্রিক ধ্যানধারণা এক্ষুণি সমূলে উৎপাটন করে তা ডাস্টবিনে ছুঁড়ে ফেলে দেওয়া উচিৎ এতে সমাজের সর্বস্তরের জনগণের উন্নয়ন হবে।

14
সক্রেটিস

i) "The only true wisdom is in knowing you know nothing."

ii) "The unexamined life is not worth living."

iii)"I cannot teach anybody anything.

iv) "There is only one good, knowledge, and one evil, ignorance."

v) "Be kind, for everyone you meet is fighting a hard battle."

vi)"Wonder is the beginning of wisdom."

আজ থেকে প্রায় তেইশ শো বছর আগের কথা। দেশটা ছিল গ্রীস। বর্তমান ইওরোপ মহাদেশের একটি দেশে জন্মগ্রহণ করেছিলেন এক মহামানব ও বিশ্বে আলোড়ন সৃষ্টিকারী দার্শনিক সক্রেটিস। তিনি তাঁর যে বিচারধারা সৃষ্টি করেছিলেন সেই জন্যই আজ জগতে বিখ্যাত হয়ে আছেন। যত দিন যাচ্ছে ততই তিনি জগতের কাছে আরো প্রাসঙ্গিক হয়ে উঠছেন। তার দুই ছাত্র প্লেটো ও জেনোফোন তার ভাবধারারকে জগতের কাছে আরোও তুলে ধরেন তাদের রচনায়। বিশ্বে তার চিন্তাধারার যে স্রোত শুরু হয় তা আজ মহীরুহ রূপ নিয়েছে।

কি সেই চিন্তাধারা ? কি তার ফলাফল? কি তার অন্তিম পরিণতি? কি আসল সত্য? কি হল জ্ঞান? কি করে মানব সভ্যতার উন্নতি সম্ভব?বিজ্ঞান ও দর্শনের সুন্দর সমন্বয় যে সম্ভব তার সবথেকে বড় প্রবক্তা ছিলেন তিনি। তাঁর সেই চিন্তাধারা আজো মানুষকে ভাবায়। শুধু সেই সেদিনের কথা ভাবলেও

চমৎকৃত হতে হবে সকলকে।আমরা কোন একটি নির্দিষ্ট ক্ষমতার অধিকারী হয়ে নিজেকে একজন আধুনিক ও সৌভাগ্যবান মনে করছি। তার সেই ভাবনায় ভাবিত হলে নিজেকে কত ক্ষুদ্র জ্ঞানের অধিকারী বলে মনে হয়। জীবনের আনন্দ থেকেই যে সবকিছু সৃষ্টি হয় এবং তাই চিরস্থায়ীভাবে ক্ষমতার অধিকারী হয়ে যায়।

আমরা যারা কয়েকটি বই পড়ে নিজেদেরকে পন্ডিত ভেবে বসি তাদের জ্ঞান চক্ষু খুলে দেয় তার সেই ভাবধারা। উপরের কয়েকটি বক্তব্য এখানে তুলে ধরা হয়েছে। আমরা সকলেই যা জানি তা সবটাই আপেক্ষিক সত্য। আজ যে বিষয় সত্য বলে মনে হয় আজকের পরিপ্রেক্ষিতে সেটা আগামীকাল পরিবর্তিত হতেই পারে। প্রতিনিয়ত আমাদের চোখের সামনে ভেসে ওঠে বিশ্বাসের এক মায়াবী আলো। জ্ঞানপিপাসু হয়ে প্রশ্ন করলেই অনেক কিছু জানতে পারি। প্রশ্ন না করে মেনে নেওয়াকে আমরা সত্য বলেই মেনে নিই। জ্ঞানের আলো নানাবিধ প্রশ্নের জন্ম প্রদান করে। তাই আমাদের উচিত নিজেদের সর্বজ্ঞানী ভাব থেকে নিজেকে মুক্ত করা। এই ধারণা শুধুই আমাদের সেই অজ্ঞতা ও দাম্ভিকতা প্রদান করে। এই জ্ঞানরূপী সাগরে দিন দিন নিয়মিত নিজেকে নতুন নতুন জ্ঞান উপহার দেওয়া প্রকৃত বুদ্ধিমানের কাজ। প্রতিনিয়ত মানুষ তার ভাবনা ও চিন্তার বিকাশ ঘটায় অনেক সময় ইচ্ছাকৃত ভাবে বা অনেক সময় না জেনে।সক্রেটিসের ভাবধারার প্রচলন দেশ কাল পাত্র ভেদে করে এক কালজয়ী ভাবধারার জন্ম দিয়েছে। এ ব্যাপারে বিষয়টি বিশেষভাবে উল্লেখযোগ্য। তাই নিজের আত্মতুষ্টির কখনো কোন জায়গা নেই। নিজেকে সর্বদা শিখতে হবে ও উন্নত করতে হবে। কোন ক্ষেত্রেই নিজের ভাবধারা বা চিন্তাশক্তিকে আত্মতুষ্টিতে ভোগাবেন না। এতে আপনার প্রস্তুতির উন্নয়ন বন্ধ হয়ে যায় যা কখনও কাম্য নয়।

তার সেই ভাবধারা এই অল্প পরিসরে ব্যাখ্যা করা মূর্খামি ছাড়া আর কিছুই নয়। মনের জঞ্জাল সাফ করে শুদ্ধ মনে সবকিছুই সম্ভব। নিজেকে কখনোই অন্যের থেকে কম ভেবে পিছিয়ে আসবেন না। এই দোষে দোষী ব্যক্তিদের ভবিষ্যত কখনো ভালো হয় না। তারা দিনের পর দিন পিছনেই থেকে যায়। জীবনের আসল আনন্দ থেকেই বঞ্চিত থেকে যায় যুগ থেকে যুগান্তরে।জীবন আলোময় ও সম্ভাবনাময়। আপনার জীবন আপনিই বানান। শৃঙ্গ জয় করুন বারে বারে। উড্ডীন হোন এক চুড়ান্ত পর্যায়ে। আর তাই হোক , শেষ হাসিটা যেন আপনিই হাসেন।এক কথায়, -" Socretes was a super human and he was ahead of age. Yes , he was even far modern than that of today. He came to enlighten us and he purposefully did it with an unaltered way. History will definitely amazed by his sacrifice."

15

আহম্মক (রম্যরচনা)

এই সময় অন্যান্য সময়ের মতো সাধারন নয়। চারিদিকে নিয়মের অমোঘ বেড়াজাল । মর্ত্যলোকে ত্রাহি ত্রাহি রব। আপনারা হয়তো ভাবিতেছেন এ আবার নতুন কি জিনিস, আমরা সকলেই তো একই সমস্যার মধ্য দিয়া যাইতেছি, চারিদিক শান্তি বিরাজমান, পরিবেশ তার যৌবন পুনরুদ্ধার করিতেছে, পর্বতমালায় চূড়ায় নতুন করিয়া হিমশিলার আগমন ঘটিতেছে, পূরাতন পক্ষিকুল জনগনসম্মুখ প্রতীত হইতেছে, নদনদীকুল ধীরে ধীরে নির্মল হইতে নির্মলতর হইতেছে, পরিবেশদূষনের মাত্রা কমিতেছে,বনবাসী জীবজন্তুকুল পুনরায় অতীত পরিবেশের আনন্দ পাইতে শুরু করিয়াছে। পৃথিবী মনুষ্যনামক জন্তুর অত্যাচারের করাল থেকে সাময়িক রক্ষা পাইতে শুরু করিতেছে । আমরা প্রাগৈতিহাসিক তথ্য অধ্যয়ন করিয়া জানিয়াছি যে প্রকৃতি কাহারও অত্যাচার সহ্য করে না , প্রকৃতি তাহার আপন নিয়ম মানিয়া চলে । এমনি করিয়া বহু জীবজন্তু, পশুপক্ষী ও উদ্ভিদকুল কালের অমোঘ নিয়মে ইহজগৎ হইতে চীরতরে বিলুপ্ত হইয়াছে । এই প্রকৃতি কিন্তু আমাদিগের নয়, আমরাই প্রকৃতির ক্ষুদ্রাতিক্ষুদ্র অংশ। আমরা পৃথিবীতে বসবাসকারী লক্ষকোটি জীব ও উদ্ভদ প্রজাতির মধ্যে একটি , সেটি হইল মনুষ্যজাতী বা হোমো সোপিয়েন্স। এক শ্রেনীর মানুষ আছেন যাহারা দিবারাত্র বিজ্ঞান আলোচনা করেন নতুন নতুন আবিষ্কারের প্রচেষ্টায় যাদের জন্য আমাদের জীবনযাত্রা বর্তমান পর্য্যায়ে পৌঁছেছে। তারা প্রচার একদমই পছন্দ করেন

না। আমাদের আজকের আলোচনা কিন্তু ইহাদিগের প্রসঙ্গে নহে।

আমাদের আলোচনা আজ সেই নরকুল শ্রেনীর যাহাদেরকে নিয়ে আমাদের পুরাণে আলোচিত স্বর্গে ধর্মঘট ও পিকেটিং চলিতেছে, কে নেই সেখানে? তাহাদের ভয় বর্তমানে কোভিড-১৯ এ একটা আহম্মক পরলোক গমন করিলে স্বর্গলোকের এক একটি দেবতার চাকুরী হইতে অব্যহতি নিশ্চিত। সেইজন্যে দেবরাজ ইন্দ্রের দরবারে হাজির নারদ, যাহার চাকুরী যাওয়ার সম্ভাবনা সবথেকে প্রবল। বেগতিক দেখিয়া দেবরাজ ইন্দ্র ত্রিদেবকে এই মহাবিপদ হইতে রক্ষা হেতু স্মরন করিলেন।

ত্রিদেব আসিয়া বিপদের গভীরতা বুঝিবার জন্য আলোচনার প্রস্তাব দিলেন এবং দেবাদিদেব বিশেষ আমন্ত্রিত অতিথি হিসাবে নারদকে বৈঠকে যোগদানের প্রস্তাব দিলে ব্রহ্মা তাহা সাদরে গ্রহন করিলেন।

আলোচনা শুরু হওয়ার কথা সকল সাধারন দেবতার মধ্যে প্রচার হইলে দেবতাকুলের মধ্যে শান্তি ফিরে আসিল। ত্রিদেবের নিকট আহম্মকদের নিয়ে বিস্তর তথ্য না থাকায় অগত্যা চক্রধারী নারদকে বিষয় নিয়ে বিশদে আলোচনা করিবার অনুমতি দিলেন।

নারদ তাহার ইষ্টনাম দুবার জপ করিবার পর মূল বিষয় বলিতে শুরু করিলেন।

আহম্মকেরা পুরুষ ও স্ত্রী উভয় হইবেন। ইহারা নিজেদেরকে সর্বজ্ঞ ভাবিবেন, বিজ্ঞান না জানিলেও বিজ্ঞান বিষয়ে তর্ক করিতে ছাড়িবেন না। চারুকলা ও সঙ্গীতে পারদর্শী না হইয়াও নিজেদেরকে ঐসব বিষয়ে পারদর্শী প্রতিপন্ন করিতে উদ্যত হইবেন। এদের স্বর্গে আগমন ঘটিলে অপ্সরা ও কিন্নরদিগের বসিয়া না খাইয়া থাকিতে হইবে। ইহাদের সঙ্গীত কর্ণকুহরে প্রবেশ করিলে আপনাদিগের চরম হাস্যরসের উদ্রেক হইবে কিন্তু ত্রিদেব, আপনারা হাসিতেও পারিবেন না পাছে ইহাদিগের আত্মসম্মানে লাগে, কিন্নরেরাও নতুন ধরনের সুর ও লয় আবিষ্কার করিতে উদ্যত হইবেন। হে দেব! কিন্নর ও অপ্সরাদের ধর্মঘটে আসার কারন আমি এক্ষণে বর্ননা করিবার প্রচেষ্টা করিলাম । তাহা তো বুঝিলাম, কিন্তু বিশ্বকর্মাও কেন? বলিলেন চক্রধারী।

ইহাদের মস্তিষ্ক খুবই উর্বর হইবে। বাস্তুবিদ্যায় পারদর্শী না হইয়াও বড় বড় অবাস্তব কল্পনা করিবেন এবং প্রয়োজনে বাস্তুবিদ্যায় পারদর্শী ব্যক্তিদের কার্যক্ষমতায় সন্দেহ প্রকাশ করিবেন ও প্রয়োজনে ভৎসনা করিবেন ও প্রয়োজনে মিথ্যারও আশ্রয় লইবেন এবং তার তথ্যকে সঠিক প্রতিপন্ন করার

জন্য সর্বসমক্ষে তা বলিয়া জনমত সৃষ্টি করিতে চাইবেন ও অনেকাংশে তার সাফল্যও পাইবেন। হে দেব! দুঃখ একটাই অনেকে সবকিছু জানিয়াও চুপ থাকিবেন এবং সেজন্য আহম্মকেরা একের পর এর সাফল্য পেতে থাকিবেন এতে তাদের মনোবল আরো বৃদ্ধি পেতে থাকিবে।

প্রজাপিতা বলিলেন তা সকুশল বুঝিলাম, কিন্তু হে মুনিবর! আপনি অতিশয় চিন্তিত কেন, তার কারন তো বুঝিতে পারিলাম না?

অতিশয় চিন্তার কারন আমার অবশ্যই আছে পিতা। তাহারা যে আমার থেকেও পারদর্শী। আমি জগতের কল্যান হেতু বৃহৎ বৃহৎ তথ্য এক দেব, দানব, যক্ষ বা কিন্নরের নিকট হইতে অপরের নিকট প্রেরন করি। হে দেবশ্রেষ্ঠ!, আহম্মকেরা কক্ষনোও এইসব ভাবেন না। তারা ভাবেন নিজের লাভের কথা ও অন্যজনের ক্ষতির কথা। অপরের সকল গোপন কথা অনায়াসেই অন্যকে বলিয়া দেন, এর ফলে যদি কারও মৃত্যুও হয়ে যায় তাদের মধ্যেও কোন মায়া দয়ার লেশ পর্যন্ত থাকিবে না বরং অপরের বিশ্বাস ভঙ্গ করেন এবং যিনি উহাদেরকে বিশ্বাস করেন তাদেরকে তারা নির্বোধ বলিয়া প্রতিপন্ন করেন ও উপহাস করতেও কিঞ্চিৎ পিছপা হন না। তাদের সাথে কথা বলার সময় চোখের দিকে অবলোকন করিলে তাহাদের মনের গোপন রহস্য অনেকাংশে অনুধাবন করা যাইতে পারে। ইহার ফলে তাঁরা আমার থেকেও অধিকতর পারদর্শী বলিয়া আমি জ্ঞান করি। তাহা হইলে আমার কর্মের নিশ্চয়তা কোথায়?

এছাড়া তাহারা বিজ্ঞানী, বাগ্মী, দার্শনিক, কৃষক, পশুপালক, উভচর, নিশাচর, পদলেহনকারী, মোসাহেব, যমের অরুচী, আর কি নহে?

একথা অনুধাবন করিয়া, দেবাদিদেব কহিলেন, সর্বনাশ, এ তো আমারও কর্ম শেষ হওয়ার উপক্রম। হে পালনহার! বাঁচাও আমাদের। রক্ষা করো আমাদের। এ কেবল ব্রহ্মারই সাধ্য। আমরা সকলে একযোগে ব্রহ্মার স্মরণে যাই। এই বলিয়া সকলে গাত্রোত্থান করিলেন।

অতঃপর ব্রহ্মা বলিলেন, চিন্তা করিও না এসমস্ত আহম্মকদের স্বর্গে আনয়ন করিয়া এথানকার শান্তি বিঘ্নিত করিতে চাহি না উহাদিগের মর্ত্যই উপযুক্ত আবাসস্থল। ওথানে উহারা প্রত্যেকে আপন আপন কর্মে বিকশিত হউক আর নারদ, আপনি উহাদিগের কর্মের গুনকীর্তন করিবেন। এ কার্যে আপনি আজ হইতে বিশেষভাবে নিযুক্ত হইলেন। আশা করি আপনার ইহাতে কোনো আপত্তি রহিবে না।

আপনাদের আশার কথা শোনাই, পৃথিবীতে কিছু বিজ্ঞানী দিবারাত্রি গবেষনা করিয়া চলিয়াছেন ইহাতে কোভিড -১৯ এর টিকা অতি সত্বর আবিষ্কৃত হইয়াছে এবং আহম্মকদিগের স্বর্গে আগমন অচিরেই বন্ধ হইবে এবং পৃথিবী পুনরায় আগের রূপ ফিরে পাবে।

বুঝিলাম দেব! আপনি অন্য প্রসঙ্গ শুরু করুন।

16

তুমিও অমৃতের সন্তান

প্রত্যেক মানুষের সবসময় একটি লক্ষ্য থাকা উচিৎ যেটা নিয়ে তিনি তাঁর স্বপ্ন তৈরি হয়। এই স্বপ্নের চারপাশে চলতে থাকে তার জীবন। সেটি পূরণ করতে তিনি সদা জাগ্রত থাকেন। লক্ষ্যহীন জীবন অনেকটা দাঁড় হীন ও পাল হীন নৌকার মতো। চলতেই পারে না। তাই সবসময়ই সকলের সহযোগিতা কামনা করা উচিৎ। জীবনের এই পর্যায়ে এসে সকলেই মন্ত্রমুগ্ধের মত এগিয়ে যেতে থাকে। সমস্যাটি হয় কোথায় তাহলে?

দেখবেন একশ্রেনীর মানুষ আছেন তাঁরা কোনদিন আপনার খোঁজ করেন না ভালোও আপনার তারা মোটেও চান না। এই সমস্ত ব্যক্তির কাছে যদি কোনসময় পরে যান, তখন আপনার নাজুকতার সুযোগ তারা সবাই সমানভাবে সুন্দর করে নেন। তারা আপনাকে উন্নতির জন্য কোন রূপ সহায়তা করেন না। উপরন্তু আপনার মনোবল ধীরে ধীরে ভেঙ্গে দেওয়ার চেষ্টা করেন এবং দীর্ঘদিন ধরে আপনার পিছনে পরে থাকেন। কখনো ভাববেন না যে তারা আপনার ভালো চান! বিশ্বাস হলে পরীক্ষা করে দেখে নিতে পারেন। দেখবেন পদে পদে তারা আপনার ক্ষতিগ্রস্ত করার বি আপনাকে দমিয়ে রাখার অভিপ্রায় করে চলেছেন। আপনি তখন কি করবেন এটার উপরে অনেক সময় আপনার ভবিষ্যৎ নির্ভর করে। আপনি যদি বশ্যতা স্বীকার করে নেন তাহলে ওখানেই আপনার পতন। আপনার সমস্ত উদ্যম ওখানেই শেষ। আপনি মৃত। আর আপনার এই অবস্থা ওরা সকলেই মন্ত্রমুগ্ধের মত উপভোগ করবে। আপনি হয়ে উঠবেন এক স্থবীর পদার্থ। শুরু হবে আপনার প্রতি এক অবহেলার খেলা শুরু। আপনি বেহায়ার মত

নিজেকেই উৎসর্গ করে দেবেন ঐ সকল অপদার্থদের কাছে। আপনি খুশি তো এতে !

মেরুদন্ড যুক্ত মানুষ কখনো এসব মেনে নিতে পারবে না। নিজের অপমান কখ্খনোই মেনে নিতেই পাড়বে না। তারা উঠবে গা ঝেড়ে । তাই বলে মোটেই এসব ব্যক্তিদের সাথে কোনরূপ অকৌশল করবে না কখনও কারোর সঙ্গে। শুধু মনের আগুনটা জ্বালিয়ে নেবে সকলের আড়ালে। উদ্যোগ আরো বাড়িয়ে দিয়ে আরো অনেক জেদ নিয়ে লক্ষ্যের দিকে এগিয়ে যাবেন। এরপর তার কাঙ্খিত লক্ষ্যে পৌঁছেই তবেই শ্বাস নেবে। জগতকে সে যেন চিৎকার করে বলতে চায়,- "আমিও কম যাই না কারোর থেকে। আমি মোটেই অবহেলার পাত্র নই। আমিও অমৃতের সন্তান। ঈশ্বর আমার মধ্যেও বিরাজমান। আমিও সমান গুরুত্বপূর্ণ অন্য সকলের মতোই। অন্যের মতোই আমারো একটা সুন্দর মন আছে। আমিও কটুকথা ও অবহেলায় কষ্ট পাই। তাই কাউকে সাহায্য না করতেই পারো হতাশ করো না। এতে অনেক জীবন সমুলে অনেক সময় শেষ হয়ে যেতে পারে।"

17

নিরন্তর প্রচেষ্টা

একটা জিনিস বলতেই হয় যে আমরা অনেকেই অনেক কিছু ভেবে কোন একটা কাজ শুরু করি বেশ উদ্যম নিয়েই। বেশ কিছুদিন ধরেই সেটার পিছনে লেগেও থাকি। অনেকে সময় বেশ কিছুটা এগিয়ে যাই। তারপর হঠাৎ একদিন সবকিছু ছেড়ে চলে যাই। আমাদের এই প্রচেষ্টা কোথায় যেন হারিয়ে যায়। এতে মে ইপ্সিত লক্ষ্য আমরা অনেকেই অর্জন করতে পারি না। আমরা কোথায় যেন হারিয়ে যাই। এতে আমাদের সেই প্রচেষ্টার জলাঞ্জলি হয়। আমরা সবসময় বিবেকের কাছে হেরে যাই। আয়নায় মুখ তুলে তাকিয়ে থাকতে পারি না। আমাদের অভিজ্ঞতা বেশিরভাগ ক্ষেত্রেই এই হয়। এর অনেক কিছু কারণ আছে। সেগুলি ক্রমান্বয়ে আলোচনা করা হলো। আমাদের অনেক সময় অল্পেই চাহিদা মিটে যায়। যেমন ধরি কোন এক চাকরি প্রার্থী প্রথমে জাতীয় স্তরের কোন এক কাজের জন্য প্রস্তুতি নিচ্ছিলেন। তিনি সাথে সাথে আরো অনেক নিম্নস্তরের চাকরির পরীক্ষাও দিচ্ছিলেন। যেহেতু জাতীয় আঙিনায় ঐ পরীক্ষার মান অনেক উঁচু তাই সবসময় পরীক্ষার্থীদের সেই মানে পৌঁছানোর আগেই অনেক চাকরির প্রতিযোগিতার তিনি সাফল্য লাভ করবেন কোন সন্দেহই নেই। বেশিরভাগ সময়েই তখন তিনি সেই উদ্যম হারিয়ে ফেলেন। পরিশেষে সেই অল্পতেই তিনি সন্তুষ্ট হয়ে যান।

লম্বা প্রস্তুতির মানসিকতার চূড়ান্ত অভাব অনেক সময় মানুষকে তার অভিষ্ট লাভ থেকে বঞ্চিত করে। বেশিরভাগ মানুষই এখন তাড়াতাড়ি সাফল্য লাভ করতে চান। আমরা সকলেই জানি there is no short cut in success ও Success could not be achieved through magic. এত সত্ত্বেও সেই আমরা বেশির ভাগ সময়েই বেশি খাটতে চাই না। ফলস্বরূপ সবসময় হতাশাজনক ফল লাভ করি। অথচ বেশীরভাগ সময় দেখা যায় আমাদের সেই ক্ষমতা থাকা সত্ত্বেও আমরা সাফল্য লাভ করতে পারিনা। পারিবারিক অশান্তি অনেক সময় আমাদের উদ্যম হত করে ফেলে। এক্ষেত্রে পরিবারের মানুষজনকে বোঝাতে হবে কোনটা সঠিক ও কোনটা বেঠিক। মনের অশান্তি থাকলে মনোযোগের চুড়ান্ত ব্যাঘাত ঘটে। এতে আমরা মোটেও পুরোপুরি মনোযোগ দিতে পারি না আমাদের কর্মে। ফলে ইপ্সিত বললাম হয় না।

অনেক সময় অবাঞ্ছিত কিছু সম্পর্ক হয়ে যায়। যেগুলো কখনও ভবিষ্যতে পরিণত লাভ হয় না। এধরনের কোন সম্পর্কে জড়ান যেমন শরীর ও মনের স্বাস্থ্যের ক্ষেত্রে ক্ষতিকর তেমনি ব্যক্তির ক্যরিয়ার বা সমাজে প্রতিষ্ঠিত হওয়ার ক্ষেত্রে ততোধিক ক্ষতিকর। কিছু ধান্দাবাজ ব্যক্তি এতে উপকৃত হয় ঠিকই কিন্তু একশ্রেনীর সরল বিশ্বাস যুক্ত মানুষ বারবার ঠকে রায়। তাই কাউকে যদি সাহায্য করতে হয় করুন তাই বলে কখনোও নিজেকে অবহেলা করে বা ফাঁকি দিয়ে কখনোই নয়। Always think for yourself first. পলিসি নিতে হবে অন্যথায় আপনি সবসময় ডুগডুগি বাজিয়েই যাবেন। একটু বিস্তারিত ভাবে ভেবে দেখুন। এ দুনিয়াই কেউ কারোর নয়। এক্ষেত্রে কিছু ব্যক্তি নিজের স্বার্থের জন্য জঘন্য অভিনয় পর্যন্ত করতে পিছপা হন না। তাই কোনটি অভিনয় বুঝতে পারাটাও ভীষণ ভাবে জরুরী। না বুঝলে ঠকে যাওয়ার সম্ভাবনা আছে।

এক্ষেত্রে রবার্ট ব্রুসের উদাহরণ দেওয়া যেতে পারে। মন্ত্রের সাধন বা শরীর পতন পন্থা অবলম্বন করতে হবে তবেই দুয়ারে সাফল্যের আগমন ঘটবে। জগতে কোন কিছুই সহজে পাওয়া যায় না। সাফল্য ছিনিয়ে নিতে হবে। You have to earn the success.

18
সিক্সথ সেন্স

মানুষের সবসময় বাস্তবকে মেনে চলা উচিৎ। অবাস্তব কাহিনীর সাথে নিজের জীবনের সমন্বয় করলে ফল কি কখনো ভালো হতে পারে? এই ব্যাপারটা বাস্তব থেকে বিতর্কিত বলেই বেশি মনে হয়। আর এই মনে হওয়া ব্যাপারটির কখনোও বাস্তবের সাথে মিল থাকতে পারে না। এখানেই ঐ বিতর্কিত অবস্থার সৃষ্টি হয়। তাকে অনেক সময় সিক্সথ সেন্স বলে। সিক্সথ সেন্স ব্যাপারটা বড়োই গোলমেলে। অনেকটাই বিতর্কিত ও তথ্যবিহীন বলে মনে হয় আমার। তবে অনেক সময় পূর্ব অভিজ্ঞতা দিয়ে অনেকটাই অদূর ভবিষ্যতে কি হবে তার কিছুটা হলেও নির্ধারণ করা যায়। বিজ্ঞানসম্মত উপায়ে এই ধরনের সেন্সের কোন অস্তিত্ব আছে বলে মনে হয় না। দিন দিন কেউ যদি কোন এক কাজ করেও থাকেন তখন তার একটি অভিজ্ঞতা হয়ে যায়।

বিষয়টি অনেক সময় মানুষ্যেতর প্রানীর ক্ষেত্রেই প্রকট হিসেবে বিবেচনা করা যেতে পারে। এক্ষেত্রে তা গভীর ভাবে প্রকাশ পায়। আমাদের যে পাঁচটি জ্ঞানেন্দ্রিয় আছে তা হল চোখ, কান, জীহ্বা, নাক ও ত্বক বা চামড়া। এই পাঁচটি ইন্দ্রিয়ের সুসম সমন্বয়ের ফলেই সিক্সথ সেন্সের প্রকৃষ্ট প্রকাশ ঘটে থাকে। এই ইন্দ্রিয় গুলির সাথে আমাদের ব্রেণ বা মস্তিস্কের এক অদ্ভুত সমন্বয় চলে। সেই ব্যক্তির মস্তিস্কের ক্ষমতা তত বেশি যার স্মৃতির ক্ষমতা তত বেশি।

তার সাথে কখনোই সিক্সথ সেন্স মিশিয়ে ফেললে হবে না। অনেকে দাবি করে থাকেন এর ফলে অনেক সময় আশু বিপদ থেকে মানুষ নিজেদের রক্ষা করেছেন। বিজ্ঞান অনুসন্ধিৎসু মন তবুও কিন্তু এই সিক্সথ ব্যাপারটি মেনে

নিতে পারে না। Sometimes it becomes utterly nonsense.

তাই হতেও পারে বা আর একটু দেখি! এই ধরনের গাঁজাখুরি জিনিস কখনোই এই ধরনের বিতর্কিত ছাড়া বাস্তব হতে পারে না।

তাই আজকেও যদি সেই আজবকেই গুরুত্বপূর্ণ ভাবি, এবং তার উপর নির্ভরশীল হয়ে পড়ি, তাহলেই বা পরিস্থিতি কি হবে তার অনেক সময় বোঝা যায়। ব্যর্থতাই হবে সেখানকার একমাত্র ফল! কারন Miracle does not happen all of a sudden. We have to make it happen.

19

ব্যর্থতার দায়

"তাঁর চোখে পড়ে যায় সে দিন দিন এক জায়গায় রয়ে যাচ্ছেন! এই দেখে তিনি হতাশা প্রকাশ করেছেন। তার যেন কোনরূপ উন্নতি সাধন হচ্ছে না। তার দিন দিন স্বাস্থ্যের অবনতি হচ্ছে।" এরূপ অনেকেই ভাবেন। শিশুসহ অল্পবয়স্ক শিক্ষার্থীদের মধ্যে এই ধরনের ঘটনা প্রায় হামেশাই ঘটে যাওয়া আজকাল এক দৈনন্দিন জীবনে এক সাধারণ ব্যপার হয়ে উঠেছে। আমরা সকলেই কমবেশি ভুক্তভোগী এই ব্যপারটা নিয়ে। আমাদের পাশে আমাদের আত্মীয়-স্বজন অনেকেই এইরূপ হতাশায় ভোগেন এবং দীর্ঘদিন এইরূপ হওয়ার পর তাদের জীবনে এক কালো দিন নেমে আসে। অনেকে আবার মানসিক বিকারগ্রস্ত হয়ে ওঠেন। আমাদের চোখের সামনেই আমাদের প্রিয়জনদের এরূপ দুর্দশা হয়। আমরা নিজেদের ক্ষেত্রেও ঘটনা ঘটেছে জীবনের কোন না কোন সময়ে। অনেক সময় এইরূপ সকলেই আমরা মনে মনে ভেঙে তছনছ হয়ে যাই। এই হচ্ছে হতাশা (Depression)! তাই আমাদের মনে রাখতে হবে এই মানব জীবনের গ্রাফ কখনোই এক থাকতে পারে না। একজন জীবন্ত মানুষের উত্থান পতন অবশ্যম্ভাবী। অন্ততঃ সমীক্ষা তাই বলে। তবে এই গ্রাফের আমরা সকলেই মানোন্নয়ন করতে পারি। আমরা চাইলে, আমাদের জীবন থেকে অনেক কিছু হারিয়ে গেছে সেগুলো আমরা চাইলে পুনরুদ্ধার করে পুনরুজ্জীবিত করতে পারি। মানুষদের সাথে আরো ভালোভাবে ব্যবহার করতে পারি। অনেক সময় শঠতা এড়াতে পারি এবং চাইলে নিজেকে ঠকে যাওয়া থেকে মুক্তি দিতে পারি। নিরন্তর প্রচেষ্টায় আমরা অনেকেই বিভিন্ন বিষয়ে পারদর্শী হয়ে উঠি। অনেক সময় দেখা যায় আমরা

নিজেরাই নিজেদের প্রতিভা সম্পর্কে যথেষ্ট ওয়াকিবহাল নই। প্রথায় সকল সমস্যার সৃষ্টি ঠিক এখানেই শুরু হয়।

এই পৃথিবীতে হতাশা সৃষ্টি হয় তখনই যখন আমরা কাউকে কোন রূপ ভবিষ্যতের দিশা দিতে অক্ষম হই। এই সুশিক্ষিত যুবসমাজের সঠিক দিশা দেওয়ার জন্য সর্বস্তরের একরূপ ভাবনার প্রয়োজন আছে। এই বিষয়ে খুবই গুরুত্বপূর্ণ সিদ্ধান্ত নিলে আখেরে সমগ্র জগতের ভীষণ উপকার হবে। একশ্রেনীর যুবসমাজের মধ্যে আমরা যদি এইরূপ আশার বীজ বপন করতে পারি তাহলে তাদের মধ্যে একরূপ উচ্চ মানসিকতা স্বরূপ ব্যপার আসবে ফলে তারা একাধারে ভালোভাবে নিজেদের জীবন অতিবাহিত করবে ও অনেক সময় সামাজিক বিশৃঙ্খলা আটকানো যাবে। তাই পারিবারিক স্তর থেকে সামাজিক স্তরে যদি এটা আমরা ভাবি এবং প্রয়োগ করতে পারি এক উন্নততর সমাজ আমরা গঠন করতে পারি।

তাই গভীর ভাবে যদি আমরা এই ব্যর্থতা নিয়ে ভাবি তাহলে কোন ব্যক্তি ব্যর্থ হলে সমাজ তার দায় কোনভাবেই এড়াতে পারে না। আর কোন সমাজ যদি ব্যর্থ হয় তার দায়টা ঠিক কার কখনো ভেবেছেন কি?

এই নিয়ে আলোচনা শুরু করলে আরো হাজারো প্রশ্ন ও তথ্য বেরিয়ে আসবে। তবে এবিষয়ে সকলকেই আরো আরো ভাবতে হবে। নিজের জন্য, সমাজের জন্য, দেশের জন্য ও সর্বোপরি এই পৃথিবীর জন্য। আমরা যতোই সার্থপর হবো ততোই নিজেদের ইচ্ছাকৃত ভাবে পিছিয়ে নিয়ে যাবো। সমাজের সর্বস্তরের জনগণের উন্নয়নের কথা ভাবলেই দেশ ও জাতির উন্নতি সাধন হবে। কখনোই ব্যর্থতাকে ব্যক্তিগত স্তরে ভাবলে চলবে না। একটা ব্যক্তি ব্যর্থ মানে তার পরিবার ও সর্বোপরি সমাজ ব্যর্থ।Failure of an individual should not be considered at personal level. It should be considered as failure of society as a whole. This concept should be initiated to uplift the mental health of the mankind. We should not pretend to excuse us from those potential diasters that we have culminated over the years.

20

সাফল্য

যখন কোন ব্যক্তি তার ইপ্সিত লক্ষ্যে পৌঁছে যান তার আগে তাকে বিভিন্ন ধরনের ত্যাগ স্বীকার করতে হয়, অনেক অপমান ও অবহেলা মুখ বুজে সহ্য করতে হয় এবং অনেক কটুকথা অগ্রাহ্য করতে হয়। প্রকৃতি ঐ ব্যক্তিকে বিভিন্ন আগুনে দগ্ধ করে এক খাঁটি মানুষে পরিণত করে। তখন তিনি এক অন্য প্রকৃতির মানুষে পরিণত হয়।

সাফল্যের চাবিকাঠি হলো আমাদের খুঁটিনাটি বিষয়কেও লক্ষ্য করতে হবে নিরবে এবং খুব সযত্নে। এছাড়া সকল বিষয়ে নিজেকে জড়িয়ে ফেললে হবে না অন্যথায় সকল মানসিক শক্তি এককেন্দ্রিক হবে না। এরফলে সাফল্য আসতে দেরি হয়ে যায়।

একটি ছোট্ট ঘটনা বলি। সালটা ২০০৫। আমরা তখন প্রতিযোগিতা মূলক পরীক্ষার প্রস্তুতি নিচ্ছি। আমার একটা বইয়ের মলাটের উপরে আমি নিজের নাম ও "Aspirant 2005" কথাটি লিখেছিলাম। বইটি ছিল আমার নিজের কেনা। এতে কারোর কোনো অসুবিধা হওয়ার কথা ছিলো না। কয়েকদিন পরে দেখলাম ঐ বইয়ের মলাটের "Aspirant 3005" লেখা আছে। অর্থাৎ "2" এর জায়গায় কেটে "3" লেখা হয়েছে। কি নির্মম, নিষ্ঠুর ও নিরব পরিহাস! এটা তার ক্ষেত্রে হয়েছে সেই জানে। অন্তরে অন্তরে পুড়ে পুড়ে ছাই হয়ে গেলেও মুখে কিছুই বলা যায় না। মৌখিক প্রতিবাদ করতে গেলে বলবে ও ঠিকই লিখেছে! তোর যা প্রস্তুতির ছিরি!

বিষয়টি নিয়ে মনে মনে বিস্তারিত সমালোচনা করলাম গোপনেই। আজ পর্যন্ত কেউ ব্যাপারটি জানেন না। অন্তরে অন্তরে হলাম মর্মাহত ও বিদ্ধস্ত কিন্তু

এর একটা উপায় বের করতে হবেই । বেশ কয়েকদিন ভাবনার পর ঠিক করলাম ২০০৫ সালেই আমাকে সাফল্য হতেই হবে। অন্ততঃ অন্য কোন গতি নেই।

এইরূপ স্থির করার পর মাত্র দুটি জিনিসের আমি ব্যক্তিগত ভাবে পরিবর্তন আনলাম ।

ক) সময়ের অপচয় বন্ধ ও সময়ের সঠিক ব্যবহার ও অপ্রয়োজনীয় জিনিসের সংস্রব বর্জন।

এটা আমি আজও মেনে চলি। প্রয়োজনে ঐ সময়ের মধ্যে ব্যবহার করি ও বারবার অনুশীলন করতে থাকি এবং সবসময় মনে মনে এক বিষয় নিয়েই আলোচনা করতে থাকি। এটাই থাকে আমার মাথায়। ঐ একটা সময়ে এটাই আমার জগৎ। আমি ঐ বিষয়েই ছিলাম বিলিন। সমগ্র সময়টাতেই আমি ঐ বিষয়েই ১০০ শতাংশ বিলিন ছিলাম। আমার দৈনিক এফেকটিভ পড়াশোনার সময় বাড়িয়ে দুগুন করেছিলাম। মনে নিয়েছিলাম এক অদম্য ও অদ্ভুত জেদ। মন্ত্রের সাধন বা শরীর পতন। এমনি করে প্রস্তুতি এক চরম সীমায় পৌঁছে গেছিল। সেটা আমি মনে মনে অনুধাবন করতেও পেরেছিলাম।

খ) সমস্ত ব্যাপারটি হতে হবে অজ্ঞাতসারে ও চুপিসারে।

এধরনের সকল বিষয় খুবই গুরুত্বপূর্ণ ও স্পর্শকাতর। তাই সবসময় সমস্তকিছু চুপিসারে করতে হয়। অন্যথায় নিন্দুকেরা যদি আপনার মোটিফ বা মনের কথা বুঝতে পারে তাহলে তারা বিভিন্ন ফন্দিফিকির করে চলেন। শেষে ঐ ব্যাপারটি পূর্ণ করা আরো কঠিনতর হয়ে যায়। বিভিন্ন ধরনের বাহ্যিক শক্তি আপনার বিপক্ষে অবস্থান নিয়ে নেয়। অনেক সময় আপনাকে বিব্রত করতে থাকে, তাতে মানসিক চাপ অনেক সময় বেড়ে যায়।

এইসব সকল বিষয় মনে রেখেই ২০০৫ সালেই দুটি ক্ষেত্রে চূড়ান্ত সাফল্য অর্জন করেছিলাম। তার মধ্যে একটিতে আমি আজ কর্মরত।

আমি বিশ্বাস করি, Your action should speak not words.

21

নিরবিচ্ছিন্ন শত্রুতা

অমল সেদিন তার প্রথম সাফল্যটা লাভ করল। স্বাভাবিক ভাবেই সে সর্বাত্মক খুশী। সে তার সাফল্যের কথা প্রায় সবাইকেই ধরে ধরে বলল। বহু কষ্টের পর যদি কেউ সাফল্য পায় তখন সত্যিই তার সাধারণতঃ দিগ্বিদিক জ্ঞান থাকেনা। তখন সবাইকেই সে সাধারণ ভাবেই আপন ভেবে তার আনন্দের বা সাফল্যের কথা বলতেই থাকে। এতে আমরা কোন অপরাধ দেখি নাই।

তাই সে খোলা মনে অতিউৎসাহী হয়ে এই ধরনের আচরণ করে ফেলেছে। এর পরিনাম কি হয়েছে দেখুন! একটু গভীরেই বিশ্লেষণ করা যাক।জনসাধারণের আচরণ কিরূপ হয় সেই কথা মনে রেখে আমরা অনেকেই চলি না। এতে ভবিষ্যতে আমাদের অনেকের অনেক সময় অনেক রকম সমস্যার সৃষ্টি হয়। তাই যদি আমরা একটু ভেবে চিন্তে পা বাড়াই তাহলেই ভবিষ্যতে অনেকেই অনেক বিপদের হাত থেকে রক্ষা পেতে পারি।

একটু বিস্তারিত আলোচনা করলেই আমরাই জানতে পারি , সমগ্র জনগণ সবসময় একটা জিনিসের সাধারণতঃ তিন ধরণের প্রতিক্রিয়া ব্যক্ত করেন।

১) সমর্থন করেন- এই সকল ব্যক্তিকেও আবার দুই ভাবে ভাগ করা চলে। একটু বিচার করলেই আমরাই তার প্রতিক্রিয়ার আরো পুঙ্খানুপুঙ্খভাবে বিশ্লেষণ করতে পারি।

ক) মন থেকে সমর্থন করেন- এই সকল ব্যক্তি সহজ সরল হয়ে মন থেকেই সাফল্যের উচ্চ প্রশংসা করেন ও ভবিষ্যতের জন্য আরো উৎসাহিত করেন। এদের দৈহিক ভাষাও খুব সহজেই বোধগম্য হয়।খ) মুখে বললেও

মন থেকে সমর্থন করেন না- এই সকল ব্যক্তিরা খুবই জটিল প্রকৃতির হয়ে থাকেন। অধিকাংশ সহজ সরল ব্যক্তি এদের থেকে প্রতারিত হন বা হওয়ার একটা চরম সম্ভাবনা থাকে। এরা সাধারণত পরশ্রীকাতর হয়ে থাকেন। এই সমাজের যত ধরনের সমস্যার সৃষ্টির মূলে থাকেন এরাই। প্রায় সকল মানুষ এদের ভুল বুঝে এদের বন্ধু ভেবে বসেন। এরা এক কথায় 'মিছরির ছুঁড়ি' টাইপের হয়ে থাকেন। এদের চিনতে পারলে এদের থেকে দূরে থাকুন। ভুলেও এদের কাছে যাবেন না। এরা সুযোগ সন্ধানী, কারোর সাথে এরা অকৌশল করে না। এটা এদের আর্ট। ইংরেজিতে এরা black sheep নামে পরিচিত। এধরনের ব্যক্তিকে চিনতে পারলে তার কাছ থেকে দূরে থাকুন। এতে আখেরে লাভ আপনারই হবে। এরা হচ্ছে বন্ধুবেশে গুপ্তশত্রু।

২) বিরোধিতা করেন- এরা সহজেই নিজেদের চেনা দেন। এরাও সহজ সরল হয়ে থাকেন। যেহেতু এরা সকলেই সহজেই চিহ্নিত হয়ে যায়, এদের থেকেও নিজেকে সরিয়ে নিলে আখেরে ফল ভালো হয়। তবে এরা গুপ্ত ভাবে শত্রুতা করে না। এরা শত্রুতাও খোলা মনে করেন। মানসিক দিক দিয়ে বিচার করলেও এরা খোলা মনের হয়ে থাকেন। এদেরকে একটু বুদ্ধি দিয়ে বুঝিয়ে নিজের দিকেও সহজেই করা যায়।

৩) নিরুত্তর থাকে- এই শ্রেনীর মানুষের কাছ থেকেও দূরত্ব বজায় রেখে চলাচল করা উচিৎ। যেহেতু এরাও সহজেই চিহ্নিত হয়ে যান এদের মানসিক অবস্থার ব্যাপারটা সকলের সহজবোধ্য হয়ে যায়। তবে অনেক সময় নিরুত্তর থাকার কারণ সহজেই বোধগম্য নয়। They are suspicious people and should be handled with utmost care.উপরের কয়েকটি বিষয় থেকে আমরা একটা গুরুত্বপূর্ণ বিষয় জানতে পারি, আমার সাফল্যের খবরে বেশিরভাগ মানুষের কিছু এসে যায় না কিন্তু আমার নিজের অনেক কিছু এসে যেতে পারে। এই আনন্দঘন খবর পরিবেশন করে অজান্তেই কিছু মানুষের আমরা চক্ষুশূল হয়ে উঠি। প্রাচীন বাংলায় একটা প্রবাদ আছে "আনন্দ ভাগাভাগি করলে আনন্দ আলো বাড়ে।" এটা কিন্তু সবক্ষেত্রেই ঠিক নয় বরং বেশি ক্ষেত্রেই ভুল বলে প্রমাণিত হয়। তাই নিজের ভালো বুঝে চলুন অযথা প্রতিযোগিতা শুরু করে নিজের কষ্ট বাড়িয়ে তুলবেন না।এছাড়া নিজের ফলাও করা অনেকেই বোকামি ভাবেন। নিজের সাফল্যের আনন্দ নিজে উপভোগ করুন এবং আবার জীবনে নতুন অধ্যায় শুরু করে দিন। বাংলাভাষায় একটা চমৎকার বাগধারা আছে এপ্রসঙ্গে, "বোবা কালার শত্রু নাই।"

22

সকলের অলক্ষ্যে কাজ

আজকাল মানুষ একটু প্রচার পেতে ভালবাসে। এতে অর্থনৈতিক লাভ না হলেও অনেক সময় মানসিক শান্তি আসে। তাই কমবেশি সকলেই নিজের অজান্তেই কিছু কিছু প্রচার করে থাকেন। এইরূপ প্রচারের সময় বেশিরভাগ ক্ষেত্রেই আমরা ভবিষ্যতে তার আমাদের উপর কিরূপ ব্যক্তিগত প্রভাব বিস্তার করবে তার বিচার বিশ্লেষণ করি না। একটু বিস্তারিত আলোচনা করে দেখুন না! আপনি আজ যা করছেন তা যদি আপনার প্রতিপক্ষ জেনে যায়, তাহলে সেটা কি আপনার পক্ষে শুভ হবে! চিন্তাশীল মন কোনরূপ বিতর্ক মানতে চায় না। সত্যই তো! কেন বুদ্ধিমান ব্যক্তি খাল কেটে কুমির আনবেন। তাই নীরবেই যেকোন কাজের প্রস্তুতি নিতে হবে। সকলের অলক্ষ্যে হলে কোন রূপ বাধা আসবে না কোন দিক থেকেই।

কোনরূপ কাজের জন্য যে সকল প্রস্তুতি নিতে হয় তাতে কোন প্রকার কার্পণ্য করলে চলবে না। কথায় আছে না- "ঢাল নেই তলোয়ার নেই নিধিরাম সর্দার"! এরূপ হলে কোন ক্ষেত্রেই নিজের সাফল্য আসবে না। সর্বদা মনে রাখতে হবে প্রত্যেক কাজই এক এক রকম যুদ্ধ। কোন সময় একে হালকা ভাবে নিলে ঠকতে বাধ্য। প্রত্যেক ক্ষেত্রেই ধীর স্থিরভাবে একটি পরিকল্পনা করা উচিৎ। এই কাজটিকে আমরা যদি একটি বড় পরিকল্পনা ভাবি তাহলে তার জন্য একটা নির্দিষ্ট পরিমাণ সময় লাগে। অতিরিক্ত সাফল্যের চূড়ায় আরোহণকারী ব্যক্তিরা এই সকল বড়ো বড়ো কাজকে ক্ষুদ্র ক্ষুদ্র করে ভাগ করে নেন। তারপর ছোট ছোট করে টার্গেট বা লক্ষ্য স্থির করেন। এইভাবে নিরন্তর প্রচেষ্টা অব্যাহত রাখেন। দিন দিন সেই ছোট ছোট লক্ষ্য তাঁরা

অতিক্রম করেন। প্রতিনিয়ত তাঁরা ঐ লক্ষ্যে অটুট থাকেন। এরপর একদিন তারা তাদের অভীষ্টে পৌঁছে যান।

এই বড়ো লক্ষ্যকে ছোট ছোট করে ভাগ করে অভীষ্টে পৌঁছানোর পদ্ধতিকে পোমেডোরো পদ্ধতি বলে। এই পদ্ধতি খুবই গুরুত্বপূর্ণ ও উপযোগী।

এই পোমোডোরো পদ্ধতির (Pomodoro Technique) প্রবক্তা ইতালির মনিষী ফ্রান্সেস্কো সিরিল্লো (Francesco Cirillo) ১৯৮০ দশকের শেষ দিকে।

পোমোডোরো শব্দটি ইতালির, এর অর্থ টমেটো বা বিলাতি বেগুন। এই পদ্ধতি কোন বস্তু বা জিনিসকে সহজেই মনে রাখতে সাহায্য করে। The essence of Pomodoro Technique is already described above. We are not going to describe this technique in toto.

এই পদ্ধতির খুব বড়ো সমর্থক আমি নিজে। আমি শুধুই এই পদ্ধতি পড়াশোনা মনে রাখার জন্যই করি না, জীবনের অন্যান্য ক্ষেত্রেও অভীষ্ট লক্ষ্যে পৌঁছাতে ব্যবহার করি। ছোট ছোট সাফল্যকে জোড়া লাগিয়ে যে এক বড়ো সাফল্য পাওয়া যায় তার প্রমাণ পাই নিরন্তর। তাই কখনও চলাচল বন্ধ করে দিলে হবে না। মনে হতাশার জায়গাগুলোকে খুব দায়িত্ব সহকারে গুরুত্বপূর্ণ ভেবে চলতে হবে। ঐ সকল হতাশা, অকৃতকার্য অবস্থা গুলোও জীবনের অবিচ্ছেদ্য অংশ এটা কখনোও ভুলে গেলে চলবে না। এগুলো আছে বলেই সাফল্যের এত কদর, অন্ধকার আছে বলেই আলোর এত কদর। খারাপ আছে বলেই ভালোর এত কদর। তাই যে সকল ঘটনা ঘটেছে, তার নিশ্চয় কোনো কার্য কারণ সম্পর্ক আছেই, একটু বিস্তারিত আলোচনা করে গভীরতা সহকারে ভাবলে সব কিছু জলের মতো স্পষ্ট হয়ে যাবে।

23

"মা" পদ্ধতি

আমরা অনেকেই মনোযোগ দিয়ে পড়ার সময় দেখি অনেক কিছু এমনিভাবে মনে থেকে যায়। যদি সকল ধরনের মানুষদের কথা চিন্তা করি তাহলে বিষয়টি বেশ বিভ্রান্ত কর বলেই আমার বিশ্বাস। এক একটি বিষয়ের উপর অনেকগুলো কারণ সম্পর্ক থাকে। ঐ প্রত্যেকটিই সমানভাবে গুরুত্বপূর্ণ। তাই কোন প্রশ্নের উত্তর দিতে গেলে বা লিখতে গেলে কোন একটি বিষয় ভিত্তিক কারন বাদ পড়ে যাওয়ার সমূহ সম্ভাবনা থাকে। ঐ উত্তর দেওয়ার সময় কোন কারণ কারন সম্পর্কের রাতে একটিও বাদ যাতে না পড়ে যায় , তখন এই "মা" পদ্ধতির প্রয়োগ করা হয়। এই পদ্ধতি একটি ভীষণ জরুরী ও সহজ পদ্ধতি। এই পদ্ধতি বা Technique সর্বপ্রথম আমিই অর্থাৎ লেখক ব্যবহার করেছি। প্রতিযোগিতা মূলক পরীক্ষার অংশ গ্রহণ করার সময় এই পদ্ধতির ব্যবহার করে আমি খুব উপকার পেয়েছি। এতে জটিল ও বিভ্রান্তকর জিনিসকে সহজেই মনে রাখা যায়। পরীক্ষার সময় ঐ পদ্ধতি ব্যবহার করলে যেহেতু পরীক্ষার্থীদের সব মনে থাকে, তাই তারা আনন্দে পরীক্ষা দেয় এবং সবসময় তারা ভালো ফল করে। এতে পড়াশোনাও অনেক সহজ ও সরল হয়ে যায়। পড়াশোনা আরো চমকপ্রদ হয়ে ওঠে। ছাত্র-ছাত্রীদের মধ্যে পড়াশোনা করার আগ্রহ অনেক সময় অনেকগুন বেড়ে যায়।

এই পদ্ধতিতে শিক্ষার্থীদের বইয়ের গুরুত্বপূর্ণ বিষয়গুলোকে ভালোভাবে পড়তে হবে। তারপর সমস্ত কারণ সম্পর্কের মূল শব্দগুলোর প্রথম বর্ণগুলো নিয়ে একটি "মা" শব্দ বানাতে হবে। কেবল ঐ " মা" শব্দটি মনে রাখলেই হবে পরীক্ষার সময়। ঐ "মা" শব্দটি থেকেই সকল কার্য কারণ শব্দ গুলো সহজেই

উৎপাদন করা সম্ভব যায়।

একটি উদাহরণ দিলে ব্যাপারটা বিশেষভাবে বোঝা পরিস্কার বোঝা যাবে।

ভারতবর্ষের রাষ্ট্রপতির কাজ সহজেই কিভাবে মনে রাখবেন তার উপায় নিচে দেওয়া হল। বিষয়টি বিশেষভাবে উল্লেখযোগ্য ও ভীষণভাবে সাহায্যকারি ছাত্র-ছাত্রীদের সহজেই মনে রাখার পদ্ধতি।আমরা অনেকেই জানি ভারতবর্ষের রাষ্ট্রপতির বিশেষ কার্যের ক্ষমতা দেওয়া হয়েছে। সেই ক্ষমতা গুলি হল যথাক্রমে,

1) Financial Power(F)

2) Administrative Power(A)

3) Legislative Power(L)

4) Emergency Power(E)

5) Judicial Power(Ju).

এক্ষেত্রে "মা" শব্দ হয় "FALEJU." এই শব্দটি প্রত্যেকটি টপিকের এক বা একাধিক বর্ণ বা বর্ণমালা নিয়ে তৈরী হল। ঐ বর্ণ বা বর্ণমালা গুলো মনে রাখলেই সমস্ত জিনিস সহজেই মনে থাকে। এই "মা" শব্দটি যতই আকর্ষণীয় হবে তত সহজেই এই জিনিসটা মনে থাকবে।বড় বড় প্রশ্নের উত্তর মনে রাখার জন্য এরূপ "মা" শব্দগুলো নিজের পছন্দমতো তৈরী করে নিতে হবে।

24
ইউরেকা ইউরেকা

আজ ইংরেজি ২০২২ সাল। পৃথিবীর বয়স দিনে দিনে বেড়েই চলেছে। বহু নতুন নতুন বিষয় সামনে এসেছে। বহু নতুন জিনিস এই সময়ে আবিষ্কার হয়েছে। আজো বিভিন্ন দেশের বিজ্ঞানীরা বিভিন্ন ধরনের কাজ করে চলেছেন। তাদের সেই সকল কাজের মধ্যে অনেক আবিষ্কার আরো যুগান্তকারী পরিবর্তন আনবে। তার জন্য সবসময় আমাদের প্রস্তুত থাকতে হবে। যে সকল মানুষ সেই পরিবর্তন সাদরে গ্রহন করবে তারাই যুগে যুগে রাজত্ব করবেন। যারা সহজেই সেই পরিবর্তন মেনে নেবে না বা প্রত্যাখাত করবে তারা দিন দিন বিলুপ্ত হয়ে যাবে। ইতিহাস তার সাক্ষী আছে। ভবিষ্যতেও তাই ঘটবে। এর অন্যথায় হবে না। আজ থেকে হাজার হাজার বছর আগে এই অবস্থাই ছিল, আজো সেই রকমই আছে ও ভবিষ্যতেও সেই একই জিনিস থাকবে। কোনরূপ পরিবর্তন হবে না।

তাহলে মাথায় আমাদের এই বিশাল যুবসমাজ কি রাখবে তার এক সঠিক দিশা দেওয়ার প্রয়োজন আছে। এটা একটা খুবই সাধারণ মনে হলেও খুবই যুগোপযোগী বিষয়। খুব চিন্তাভাবনা করে এই সিদ্ধান্ত আমাদেরকেই নিতে হবে। এপ্রসঙ্গে সবথেকে যে বিষয়টি আমাদের খেয়াল রাখতে হবে আমাদের কাজ থেকে সমাজ বা দেশ কি আদৌ কিছু চায়? যদি চেয়ে থাকে তাহলে কি সেটা? ঠান্ডা মাথায় চিন্তা করলে তার উত্তর আমরা পেয়ে যাবো। এবার পারে এই চাওয়াটা যদি আমাদের আকাঙ্খার সাথে মিলে যায়, তাহলে ব্যাপারটা দারুন হয়ে যায়।দেশ বা সমাজ কি চায় সেটা আমরা বুঝবো কি করে? এর উত্তর খুবই সোজা। এখন বিভিন্ন ধরনের সংবাদপত্র ও পত্রিকায় বিভিন্ন

কর্মখালি বের হয়। সেগুলির দিকে খুব গুরুত্ব সহকারে নজর রাখতে হবে। এ বিষয়ে আমরা কমবেশি সবাই জানি। এখানে সম্প্রতি যে সমস্যার সৃষ্টি হয়েছে তাতে পদের তুলনায় চাকরি প্রার্থী অনেক সময় অনেক অনেক বেশি। ফলে এক প্রতিযোগিতার সৃষ্টি হয়েছে। এটা নিয়োগকর্তার দিক থেকে বিচার বিশ্লেষণ করলে খুব শুভ লক্ষণ। তিনি তাঁর পছন্দ মতো বেতনভুক কর্মচারী পাবেন। আর চাকরি প্রার্থীদের কথা চিন্তা করলে বলা যায় একটা কথা- " আপনার জন্য কিন্তু একটি পদ দরকার। বেশি ভাববেন না। নিজেকে তৈরি করুন। আরো তৈরি করুন। আরো আরো নিজেকে উপযুক্ত করুন। কখনোই আত্মতুষ্টিতে ভুগবেন না। সাফল্য লাভ করার আগে থামবেন না। এটা চূড়ান্ত পর্যায়ের মূর্খামি।"

এপ্রসঙ্গে একটি ছোট্ট ঐতিহাসিক ঘটনার অবতারণা করা প্রয়োজন। দেশটির নাম গ্রীস আর যে ব্যক্তির প্রসঙ্গে বলা হচ্ছে তার নাম আর্কিমিডিস। ঐ দেশের রাজার নতুন মুকুট তৈরির শখ হয়েছিল। যখন সেটা তৈরি হয়ে রাজার কাছে এল তখন রাজসভার অনেকেই সেটি খাঁটি সোনার নয় বলে সন্দেহ প্রকাশ করতে লাগলো। রাজার মনেও সন্দেহ হল হয়তো ঐ মুকুটটি বা আসল সোনার নয়। কিন্তু কে সেই ব্যক্তি যে ঐ মুকুটটির বিশুদ্ধতা সঠিকভাবে নির্ধারণ করবেন। সভাসদরা সকলেই একে অপরের মুখ চাওয়া চাওয়ি করতে লাগলো। অবশেষে ঐ দায়িত্ব আর্কিমিডিসকেই দেওয়া হল কারন তার খ্যাতি দিকে দিকে ছড়িয়ে পড়েছিলো। আর্কিমিডিসকে এও বলা হয়েছিল যে তিনি মুকুটের কোন ক্ষতিসাধন করতে পারবেন না।

এরপরেই আমরা যে বিষয়টি অবতারণা করবো সেটা হল, রাজকার্যে সবসময় কর্মচারীদের প্রয়োজন হয়। এই ঘটনার মাধ্যমেও সেটা দেখা গেল। এছাড়া আরো কি দেখলাম, উপযুক্ত ব্যক্তির প্রয়োজন হয়, অপদার্থদের নয়। তাই উপযুক্ত ব্যক্তিদের সবসময় উপযুক্ত কাজ আছেই আছে। ভবিষ্যতে ও থাকবে।

আর্কিমিডিস খুবই চিন্তিত হয়ে পড়েছিলেন। তখন তিনি কানায় কানায় জল পূর্ণ এক পাত্রে স্নান করার সময় লক্ষ্য করলেন কিছু জল উপচে পড়ে গেল এছাড়া নিজেকে কিছুটা হালকা ও অনুভব করলেন। তিনি সিদ্ধান্ত নিলেন এই উপচে পরা জলের সাথে নিশ্চয় ঘনত্বের সম্পর্ক আছে। এই ঘটনার পর তিনি উন্মাদের মতো "ইউরেকা ইউরেকা" বা "পেয়েছি পেয়েছি" চিৎকার করতে করতে রাস্তায় বেড়িয়ে চলে এসেছিলেন। এরফলে তিনি প্লবতা বা Buoyancy আবিস্কার করে ফেলেছিলেন। এই ঘটনা আজো স্মরণীয় হয়ে

আছে। তিনি ঐ মুকুটের বিশুদ্ধতা সঠিকভাবে নির্ধারণ করেছিলেন এবং কতটা ভেজাল ছিল তাও নির্ধারণ করেছিলেন।

সবাই এরূপ মহান বিজ্ঞানী বা মহামানব নয় এটা ঠিক। তবে সকলের মধ্যেই আরো আরো নিজেকে উন্নত করার সম্ভাবনাও আছে। অনেকেই সেই সুযোগের সদ্ব্যবহার বাস্তবে করছেন। এরকম ভুঁড়ি ভুঁড়ি উদাহরণ আমাদের সমাজে চারপাশেই ছড়িয়ে আছে। ব্যর্থতা আসবে। এটা প্রত্যেকের জীবনের অবিচ্ছেদ্য অঙ্গ। তাই ভেঙ্গে পড়ার কোন জায়গা জীবনে ঠাঁই দিলে হবে না। একদিন না একদিন প্রত্যেক ব্যক্তি সফল হবেনই।

25

সাধারণ জ্ঞান

যুগ যুগ ধরে মানব সভ্যতার ইতিহাসে গতিময়তা এক ইতিহাস। একশ্রেনীর মানুষ আছেন তাঁরা দিবারাত্রি সকলের অলক্ষ্যে কাজ করে চলেছেন। এদের মধ্যে একধরনের মানুষ নিজেদের অন্ন ও বাসস্থান পর্যন্ত জোগাড় করতে অক্ষম হন। তারা অন্যের দয়ায় নিজেদের খাদ্য বাসস্থান জোগাড় করেন। আরেক শ্রেনীর মানুষ দিনে দিনে নিজের জীবন উন্নত থেকে উন্নততর করে তোলেন। কেন এরকম হচ্ছে! কেন দিনের পর দিন বড়োলোক আরো বড়োলোক হচ্ছেন, গরীব মানুষ আরো গরীব হচ্ছেন!

কোনরূপ কি অন্যায় হচ্ছে? হলে কে দায়ী! দোষ কার? এরূপ হওয়া থেকে কিভাবে মানব সমাজকে বাঁচানো যেতে পারে? অকালে মৃত্যুবরণ কমানো থেকে দারিদ্র্যতা বিমোচন কিভাবে করা কি যেতে পারে তার একটা বিস্তারিত আলোচনা প্রয়োজন। শুধু আলোচনা করলেই হবে না। একটি খুব প্রয়োজনীয় মেয়াদী পরিকল্পনা প্রয়োজন। শুধু ফ্রীতে টাকা পয়সা দিয়ে দিলে একদমই হবে না। হ্যাঁ, যারা শারীরিক ভাবে অক্ষম বা পঙ্গু তাঁদের দেখাশোনা করার জন্য পৃথক সংস্থা করতে হবে। কোনরূপ দায়সারা কাজ বা পরিকল্পনা করলে ফল ও দায়সারা হবে, সেটা কারো কাছে কাম্য নয়। মানবতার কাছে বা বিবেকের কাছে জবাবদিহি করতে হলে খোলা মনে এগিয়ে আসতেই হবে। লাল জামা হলুদ জামা দেখলে কখনও চলবে না। আর পাঁচ সাতটা কাজের সাথে একে মিলিয়ে দিলে চলবে না। সহজেই কাউকে কোনো জিনিস দিয়ে দিলে সেটার কদর থাকে না। তাই কোন জিনিস কাউকে দেওয়ার আগে দেখে নিতে হবে তিনি তাঁর যোগ্য কিনা! অন্যথায় হিতে বিপরীত হতে পারে। "অপাত্রে কন্যা

দানের মতো" একটা বাজে ব্যপার হয়ে যায় যেটা "সাপের ছুঁচো গেলার মত" হয়ে যাওয়ার সম্ভাবনা!

লোকে বলে "Common sense is not at all common." ব্যপারটা আমরা হাড়ে হাড়ে টের পেয়ে থাকি। শুনতে খারাপ লাগলেও বিষয়টি অতীব গুরুত্বপূর্ণ ও স্পর্শকাতর। অনেক মানুষ তার নিজের ভালো বুঝে উঠতে পারছেন না। এক্ষেত্রে কিছু মধ্যসত্তাভোগী সৃষ্টি হয়ে থাকে। তারা মাছের তেলে মাছ ভেজে নিতে পারদর্শী। একশ্রেনীর মানুষ এতে বঞ্চিত হয়ে রয়ে যায় দিনের পর দিন। একটি ডেলিভারি চেনে মত বেশি মধ্যসত্তাভোগী থাকবেন, উপোভোক্তা তত বেশি বঞ্চিত হবেন। এটা পরীক্ষিত সত্য।

এবার আসি ধনী দিন দিন আরো ধনী কেন হন, সে বিষয়ে। দূরদৃষ্টি সম্পন্ন ব্যক্তিরা জানেন, কিভাবে সূক্ষ্ম ও সঠিক পরিকল্পনা করতে হয়! মূলত বেসরকারি উদ্যোগে বড় বড় শিল্পপতি ও ব্যবসায়ীর ঐ ধরনের পরিকল্পনা করে এগোতেই থাকেন। তাদের একটি দীর্ঘস্থায়ী লক্ষ্য থাকে। সেই লক্ষ্যকে পাখির চোখ করে চুপিসারে তাদের লক্ষ্যে এগোতে থাকেন। যেহেতু তারা লক্ষ্যে থাকেন অবিচল ও পরিকল্পনা থাকে নির্ভেজাল এবং দিন দিন এ লক্ষ্য পূরণে অসীম পরিশ্রম করেন, তারা সাফল্য ও পেয়ে থাকেন।

সাধারণ মানুষেরা তাদের কেবল তাদের সাফল্যই দেখেন। দিন দিন তারা যে পরিশ্রম করেন ও পরিকল্পনা করেছেন সেটা হয়তো বুঝতেও পারবেন না। তাই সাধারণ মানুষের কাছে পৌঁছে এসব আমরা যত এসব আলোচনা করবো আমরাই নিজেদের উন্নত করবো।

আপনপর ইত্যাদি সেকেলে চিন্তা, বেশি করে ভাবলেই হবে না। শুধু আলোচনা করলেই হবে না। কাজের সময় তার প্রতিফলন করতে হবে। কথায় ও কাজে ফারাক করলেও সমস্ত আলোচনাই অন্তঃসারশূন্য হবে।

26
আমিই সেরা

মানুষের জীবনে ঐ ব্যক্তি নিজের সম্বন্ধে কি ভাবছেন তার উপর অনেকটাই নয় সবটুকুই নির্ভর করে। বেশিরভাগ ক্ষেত্রেই দেখা যায়, ব্যক্তি নিজের সম্বন্ধে বিশেষ আত্মবিশ্বাসী নন। নিজেকে নিয়ে বিস্তারিত আলোচনা বা সমালোচনা করেন নি। অন্যেরা তার সম্বন্ধে কি ভাববেন বলুন তো? যদি আপনি নিজেকেই নিজে সম্মান না দেন তাহলে অন্যের কাছে কি আশা করেন। ভালো কিছু, না কক্ষনোই না! নিজেকে নিজে এক উপরের আসনে দেখুন, ভাবতে শিখুন। নিজের নজর বদলান। নিজেকে ঐ অন্তঃসারশূন্য চিন্তা মুক্ত করুন, প্রয়োজনে সঙ্গী বদলাতে হবে।

আগে নিজেদের চিন্তাধারার উন্মেষ ঘটালে অতি সহজেই আচরণ বদলে যায়। আগে অবিমৃশ্যকারী ব্যক্তির মতো হঠাৎ করে যা তা বলে দেওয়া বা করে দেওয়া থেকে নিজেকে বিরত রাখতে হবে। সমস্ত ছোট ছোট সিদ্ধান্ত অনেক ভেবেচিন্তে নিতে হবে। আজকের একটি সঠিক সিদ্ধান্ত ভবিষ্যতে এক বড়ো সুফল এনে দিতে পারে। আমাদের অভিজ্ঞতা অনেক সময় এই সিদ্ধান্ত নিতে সহায়তা করে। লক্ষ্য করে দেখবেন, একটু খারাপ জিনিস সহজেই মানুষ গ্রহন করে নেন! ভাবতে অবাক লাগে, মানুষের তার ভালো জিনিস সহজেই বোধগম্য হয় না। আবার মনে রাখতে হবে, একটি বাজে সিদ্ধান্ত সবসময় ভবিষ্যতে বাজে পরিনাম প্রদান করে। তাই অনেক সময় আলোচনা করেই সিদ্ধান্ত নেওয়া প্রয়োজন।

কোন সময়েই নিজের আত্মসম্মান ব্যাপারটিকে ছোট করে দেখলে চলবে না। যে ব্যক্তি সে যতোই মহান হোক না কেন, অপরকে সম্মান প্রদর্শন

না করেন তার সংসর্গ যথাসম্ভব এড়িয়ে চলুন। তার সম্বন্ধে আলোচনা কম করুন আর নিজেকে রাহুমুক্ত করুন। যে ব্যক্তি , সে আপনার যতোই প্রিয় হোক না কেন, আপনাকে সস্তা ভাবেন, তার কাছে যাওয়া তো দূরের কথা, তার সম্বন্ধে আলোচনা বা ভাবনা বন্ধ করুন। আমাদের অভিজ্ঞতা বলে, মানুষ যতোই সুন্দর মনের মানুষের সাথে থাকে ততোই তার শারীরিক ও মানসিক বিকাশ ঘটে। প্রয়োজনে একা একা থাকতে অভ্যেস করুন। সবথেকে গুরুত্বপূর্ণ বিষয় হল, কোন মৌলিক চিন্তাধারার প্রাথমিক শর্ত হলো মানসিক শান্তি। চারিদিকে শান্ত পরিবেশ বিরাজ না করলে সেই পরিবেশ ত্যাগ করুন। আজেবাজে অভ্যাস ত্যাগ করে নতুন নতুন বই পড়ার অভ্যাস তৈরি করুন। বই সংগ্রহ করতেই অধিকাংশ মানুষই কৃপণতা করেন। বিষয়টি নিয়ে একটুখানি ভেবে দেখার আছে!

নিজেকে প্রফেশনাল হিসেবে গড়ে তুলতে হলে শিক্ষার্থীদের নিজের উপর আস্থাশীল হতে হবে। প্রচুর বই মন দিয়ে পড়তে হবে। এই বই মানুষের সবথেকে বড়ো বন্ধু। প্রয়োজনে বইয়ের সম্ভার আরো বাড়াতে হবে। কোন পন্ডিত ব্যক্তি এমনি এমনি পন্ডিত হয়ে যান না, তার পিছনে অনেক অধ্যবসায়, অনেক ত্যাগ অনেক কষ্ট লুকিয়ে থাকে।

অপরকে পরিবর্তন করতে যাবেন না। আগে নিজে পরিবর্তিত হন, অন্যের জন্য নয়, নিজের জন্য, নিজের ভালোর জন্য , নিজের উন্নতির জন্য, উজ্জ্বল ভবিষ্যতের জন্য। নিজেকে সময় দিন, সেই সময় যেন স্বয়ং ভগবান এলেও তাকে অপেক্ষা করতে হয়। আমরা সবাই কিন্তু নিজের জীবনের উন্নতি করা নিয়ে বড্ড ভাবি, কিন্তু সময়ের সাথে খাটি না। ফলাফল সকলেরই জানা। অযাচিতভাবে কাউকে সাহায্য করতে বা কাউকে পরামর্শ দিতে কখনোই যাওয়া উচিৎ নয়। এতে দুটো খারাপ ঘটনা ঘটতেই পারে, প্রথমতঃ যাকে আপনি ভালোবাসেন ও সাহায্য করতে চান তিনি হয়তো আপনাকে ততটা গুরুত্বপূর্ণ ভাবেন না ফলে আপনার অপমানিত বোধ হওয়ার সম্ভাবনা প্রবল। দ্বিতীয়তঃ, এতে আপনি কোনরূপ প্রতিদান তো পাবেনই না, উপরন্তু আপনার শ্রম, সময়, অর্থ যে অপচয় হয় তাতে আপনার নিট লাভ তো হয় না, বরং লোকসান হয়। আর যদি আপনি ভেবে থাকেন উনিও আপনাকে অযাচিতভাবে কোনদিন উপকার করবে, তাহলে আপনি এক মূর্খের স্বর্গে বাস করছেন। এক্ষুনি ওখান থেকেই বেড়িয়ে আসুন ও বাস্তববাদী হয়ে বাস্তবের মাটিতে পা দিয়ে দেখুন।

এমনি করে কত শত মানুষ শেষ হয়ে গেছে, তাদের সংসার নষ্ট হয়ে গেছে। তাদের স্বাস্থ্যের অবনতি হয়েছে, মন ভেঙেছে নিরবে। রোমান্টিকতায় নিমজ্জিত হয়ে আজ কে লাভবান হয়েছেন, সেই সৌভাগ্যবান ব্যক্তিদের কথা ভেবে কাজ করা বোকামি ছাড়া আর কিছু নয়।

নিজেকে নিয়ে যতোই বিশ্লেষণ করা যায় ততোই উন্নত হবে। নিজের দুর্বল দিকগুলো সম্পর্কে সঠিক ধারণা করা প্রয়োজন। প্রয়োজনে সেই সকল দিকগুলো কিভাবে উন্নত করা যায় সেটা নিয়ে আলোচনা করে সঠিক সিদ্ধান্ত সঠিক সময়ে নিতে হবে। এতে আরো উন্নততর মানুষ হয়ে উঠতে পারেন। দমে যাবেন না, আরেকজন যদি কোন কাজ করতে পারেন, আপনিও পারবেন। ভেবে দেখুন, হয়তো আপনি আরো ভালোভাবে পারবেন।

মনে রাখবেন বিংশ শতকটি ছিল তথ্য প্রযুক্তির বা আই. টি ইন্ডাস্ট্রির (Information Technology Industry) এবং একবিংশ শতাব্দী ডাটা ইন্ডাস্ট্রির (Data Technology).!

এই ইন্টারনেটের যুগে, তথ্যকে আমরা সকলেই অনেক সহজে ব্যবহার করতে পারছি তাই বলে বইয়ের কদর কি কমেছে? মোটেই না, বরং বইয়ের আরোও বেড়েছে ও বেড়ে চলেছে দিনের পর দিন। আগের শতাব্দীতে পরিকাঠামো বেড়েছে অদ্ভুতভাবে। এরফলে আমাদের হতে অনেক তথ্য বা data এসেছে। এই সকল তথ্যকে বিশ্লেষণ করে আমরা দেশকে আরো সঠিকভাবে দিশা দিতে পারি। তাই আমাদের নতুন নতুন দিক উন্মোচিত হয়েছে। সেগুলি কাজে লাগিয়ে আমরা নতুন কিছু সৃষ্টিও করতে পারি। নতুন দিগন্ত খুলে নব নব অধ্যায় রচনায় নিজেকে নিয়োজিত করতে পারি।

নিন্দুকেরা সমালোচনা ও নিন্দা করবেনই কারন এটাই স্বাভাবিক, এটাই প্রাকৃতিক নিয়ম। এই নিয়ম আমার ও আপনার ক্ষেত্রেও ব্যতিক্রম হতে পারে না। এক্ষেত্রে নিজেকে এমন উষ্ণতায় নিয়ে যেতে হবে যেন নিন্দুকেরা সমালোচনা করার আগে শত সহস্র বার ভাবেন। তাদের মস্তক যেন শ্রদ্ধায় নত হয়ে যায়। তাদের জ্ঞানের দর্প যেন চুর চুর হয়ে যায় আপনার ব্যক্তিত্বের কাছে।

You stand and remain like a rock both mentally and physically to achieve your goal. Iron determination is the only successful method. Be like that.

২৭
উন্নত পৃথিবী!

আজ আমার চোখে জল এসে গেছে। কি নিষ্ঠুর এই পৃথিবী! কোন রূপ দয়া নেই এই পৃথিবীর মানুষের। একশ্রেনীর মানুষ আছেন তাঁরা দিন দিন নিষ্পাপ মানুষের এক্সপ্লয়টেশন করেন বা নিজের কাজে ব্যবহার করেন নির্লজ্জভাবে। ঐ ব্যবহারের পর ছুঁড়ে ফেলেন আস্তাকুঁড়ে। স্বার্থপর মানুষ তার পর খোঁজ খবর নেওয়ার প্রয়োজন ও অনুভব করেন না। করবে কেন? তাদের স্বার্থ তো শিদ্ধিলাভ হয়েই গেছে। তারা নতুন কোন স্বার্থ পূরণে মগ্ন। যেসকল ব্যক্তি প্রতারিত , সরলতার সুযোগে তারা তো অন্ধকারে নিমজ্জিত!

তাদের কি আর নতুন কিছু করার আছে! হ্যাঁ, আছে। অনেক কিছুই করার আছে। প্রতিশোধ নেওয়ার আছে। নিজেকে প্রমাণ করার আছে। ঘুরে দাঁড়ানোর ইঙ্গিত আছে ঐ ঠকে যাওয়ার মধ্যেই। সফলতা ছোঁয়ার আশা আছে। পদে পদে নতুন কিছু সৃষ্টিও হতে পারে। হতাশা প্রকাশ করলে হবেনা। যাকে আপনি চিনে গেছেন, তাকে জীবনে আর ফিরিয়ে আনতে চাইবেন না। সে এসে আপনার কষ্ট বাড়াবে। এতে আপনি আরো ধ্বংসের দিকেই এগিয়ে যেতে থাকবেন। আরো ক্ষতিগ্রস্ত হবেন। ঐ সকল অপদার্থদের কাছে মাথানত করে থাকবেন না। সদর্পে চিৎকার করে বলুন, আমিও পারি তোমাকে ছাড়া বেঁচে থাকতে। তোমাকে আমার কোন প্রয়োজন নেই উপরন্তু আমাকেই তোমার প্রয়োজন।

অনেক হয়েছে আর না! আমার গুরুত্ব আমি বুঝতে পারছি। এই পৃথিবীতে সবকিছু ক্ষণস্থায়ী। এখন মানবতার কোন জায়গা নেই এসকল নীচ কীট অধমদের কাছে। তাঁরা পদে পদে সূক্ষ্ম ও দক্ষ অভিনয়ে সকলকেই

ভোলাতে পারে। এতে কিছুটা হলেও অনেক সময় কাজ হয়। কিছু দিন পরেই সত্যটা ঠিকই বের হয়। ততক্ষণে অনেক দেরি হয়ে গেছে। যার লাভবান হওয়ার কথা, সে ততক্ষণে পগার পার।

এটাই উন্নত পৃথিবীর আসল রূপ! সত্যই অনবদ্য। একদল মুখোশধারী মানুষের জয় টীকা উড্ডীয়মান দিকে দিকে, কিছু উমেদার সর্বদাই বিরাজমান এই পরিস্থিতিতে। তোষামোদি করতে ব্যস্ত সদা। ইতিহাস তাঁদের ছেড়ে কথা বলবে না। সর্বগ্রাসী এই কালের গতিতে ঐ সকল উমেদার, তোষামোদি, কুলাঙ্গার, নীচ, অধম কখনোই ছাড়া পাবে না। হয় তাদের ছিঃ ছিঃ করবে না হয় তাদের সভ্যতার ইতিহাসে লাল চোখ দেখতে হবে। এই সকল জিনিস এতই নগন্য ও তুচ্ছ যে এদের এতো খুঁটিনাটি বিষয়ে গুরুত্বপূর্ণ ভেবে নিজেদের কখনোও ছোট করবেন না।

পারলে বড়ো কিছু ভাবুন। বড়ো, অনেক অনেক বড়ো। দেশের জন্য ভাবুন। দশের জন্য ভাবুন। নিজের স্বার্থের কথা একটু ছেড়ে, একটু বড়ো কিছু চিন্তা করবেন। দেখবেন আপনার পাশের মানুষ গুলো কেমন যেন অচেনা মনে হতে শুরু করেছে। তখনই বুঝতে পারবেন আপনি ঠিক পথেই হাঁটছেন। রাতারাতি দেখবেন সবকিছু কেমন যেন বদলে গেছে। আপনি অনেক বেশি সর্বজনীন হয়ে উঠছেন। জনগণ অনেকেই আপনার কথা শুনছেন। আপনিও পথপ্রদর্শক হিসেবে বিবেচিত হচ্ছেন।

চলুন আমরাই এই পৃথিবীতে নতুন কিছু করে দেখাই। ভালো কিছু। উন্নত কিছু। শুভকর কিছু। এতে বহু মানুষ জীবনে কিছু আশার আলো দেখতে পাবেন নিশ্চয়ই।

28
আত্মবিশ্বাস

আজ মানুষ যে যেখানেই আছেন তাঁর মূল কারন তার আত্মবিশ্বাস। যার আত্মবিশ্বাস যত বেশি সেটি তার আচরণে সবসময় দেখা যায়। তাঁকে যে কাজটি করতে বলা হয় সর্বদাই তার আত্মবিশ্বাসের সাথে সেই কাজটি সুচারুরূপে সম্পন্ন করে। এর জন্য সর্বস্তরের এক সুচারু পরিকল্পনা দরকার হয়। এই পরিস্থিতিতে অনেক মানুষের প্রয়োজন হয়। যখন পরিকল্পনা করা হয়, তখন ঐ পরিকল্পনা কে সঠিক সময়ে উপযুক্ত পরিবেশে সম্পাদনা করবেন সেটাও স্থির করা প্রয়োজন। অন্যথায় সঠিক পরিকল্পনা হলেও কাজটি যে ঠিক ভাবে সম্পূর্ণ হবে তার কোন নিশ্চয়তা থাকে না। এবিষয়ে যথেষ্টই গুরুত্ব দেওয়ার প্রয়োজন আছে।এটি ব্যক্তিগত স্তরে ও যৌথভাবে সমানভাবে গুরুত্বপূর্ণ।

ব্যক্তিগত স্তরে এই বিষয় অনেক সময় তার নিজের জীবনের উন্নতির বিজয় কেতন ওড়াতে যথেষ্ট সহায়তা করে।

এতক্ষন পর্যন্ত যা আলোচনা হল, সবই ঠিকই ছিল, এরপর সমস্যা তৈরী হয় যখন কোন ব্যক্তি তার কূটনীতির মাধ্যমে কোন বিশেষ ব্যক্তি বা শ্রেনীকে অবদমিত করে রাখতে চান! এগুলি অনেক কারনে ঘটতে পারে। সম্মুখে এই ধরনের অবদমনের কথা কেউ কক্ষনোই মুখেই আনবে না। কেউ কোনদিন সে ব্যাপারে স্বীকারও করবে না। সব কাজটিই হয় অতীব গোপনে ও ভয়ানক চুপিসারে। এক্ষেত্রে ঐ ব্যক্তির বা শ্রেনীর মানসিক উদ্যম বা আত্মসম্মানকে খুব সন্তর্পণে ভেঙ্গে চুরমার করে দেওয়া হয়। তাদের বিভিন্নভাবে অপদস্ত করা হয় কারণে বা অকারণে। তাদের যোগ্যতা নিয়ে

অহেতুক প্রশ্ন তোলা হয়। এমন একটা ভাব তৈরী করা হয় ষড়যন্ত্রকারী ধোঁয়া তুলসী পাতা। তিনি ভাজা মাছটি উল্টে খেতেই পারে না। বেশিরভাগ ক্ষেত্রেই মূল ষড়যন্ত্রকারী সকলের অলক্ষ্যে থেকে যায়। কারণ বিষয়টি জানাজানি হয়ে গেলে, ঐ মূলচক্রীর প্রাণ পর্যন্ত সংসয় হতে পারে। বিষয়টি দুঃখজনক হলেও বহুল আলোচিত ও প্রচলিত।

তীক্ষ্ণ বুদ্ধি ধারী ব্যক্তিগন সেই ফাঁদ গুলো ধরতে পারে। কারন তাদের মস্তিষ্ক অন্যদের থেকে একটু বেশিই চলে। এছাড়া তার বিরুদ্ধে যে ব্যক্তিগত ষড়যন্ত্র হয়েছে তা জানতে পেরেও বেমালুম সেই ব্যাপারটি নাজানার বাহানা করে বেশ মজা নেয়। তাদের সেই সকল গভীর ষড়যন্ত্র সমূলে বিনাশ করে তার নিজের জীবনের বিজয় পতাকা পতপত করে উড়াতে থাকে। দিনের শেষে সেই ষড়যন্ত্রকারী ব্যর্থ হয়ে যায়। ততক্ষণে বহু দেরী হয়ে গেছে। এ ক্ষেত্রে যে জয়ী হবার সে হয়েছে।

একটি ছোট্ট ঘটনা এ বিষয়ে বললে আরো বিস্তারিত ভাবে বিষয়টি বুঝতে পারা যায়। বিষয়টি ইংরেজ আমলের। এক বিশ্ববিদ্যালয়ে একজন ইংরেজ অধ্যাপক ছিলেন নাম স্টুয়ার্ট লেক। ইংরাজি ছিল তার বিষয়। তিনি একদিন একটি চিঠি লিখতে দিলেন। সকলেই চিঠি লিখল মন দিয়ে। তিনি কেবল মাত্র ভারতীয় ছাত্রদের খাতায় দেখতেন। খাতা দেখতে দেখতে বলতেন-"ভারতীয় ব্যক্তিরা এসব কোনদিনই ঠিকঠাক লিখতে পারে না। তারা কেবল জাদুবিদ্যা জানে।"

প্রতিবার বিভিন্ন অছিলায় ভারতীয় ছাত্রদের অপমান করতেন। এতে মনে মনে ভারতীয় ছাত্রদের মনোবল তিনি ভেঙ্গে দিতেন। বাস্তবটা ছিল ঠিক তার উল্টো। তিনি জানতেন, মুক্তমনে যদি ভারতীয় ছাত্রদের শিক্ষা প্রদান করা হয় তাহলে বহু ভারতীয় বিদ্বান তৈরি হবে। যেটা কোন বৃটিশ সরকার কোনদিনই বাস্তবে প্রত্যাশা করে না। তাই ধীরে ধীরে ঐ সকল মেধাবী ছাত্র ছাত্রীদের অপদার্থ বলে মিথ্যা তকমা দিতো। শুনতে থারাপ লাগলেও এটাই সত্য এই কাজে অনেক অপদার্থ দেশীয় ব্যক্তিও বৃটিশ সরকারের সাথ দিতেন। বেশিরভাগ অবশ্যই না বুঝেই।

এরকম করেই চলছিল। লেক সাহেব, এরূপ একদিন এক দেশীয় মেধাবী ছাত্রের খাতায় একটি চিঠি লিখে দিয়েছিলেন। এরপর বেশ কয়েক মাস কেটে গেল। বিষয়টি লেক সাহেব ভুলে গেছেন। আবার হঠাৎ একদিন তিনি আবার সেই চিঠিই লিখতে বললেন। মেধাবী ছাত্রটি হুবহু সেই লেক সাহেবের লেখাটিই লিখলেন। কি অবাক কান্ড! সেই লেখাটি দেখেই বললেন- " কি

কান্ড! এই চিঠিটিতে এতো ভুল। এই জন্য ভারতীয়দের কোন উন্নতি হয় না।"

এঘটনার পর সকলের কাছেই পরিস্কার হয়ে গেল। ভারতীয় ছাত্র ছাত্রীরা যত ভালোই লিখুন না কেন ঐ লেক সাহেবের পছন্দের হতো না। আসল কারন তিনি ভারতীয়দের পছন্দ করতেন না। তিনি কখনও চাইতেন না ভারতীয়রা তাদের যোগ্য সম্মান পাক। তাই পদে পদে তিনি ভারতীয়দের আত্মসম্মানে আঘাত করতেন। তার একমাত্র লক্ষ্য ছিল ভারতীয়রা আত্মসম্মান নিয়ে বৃটিশ সরকারের সামনে যেন মাথা তুলে না দাঁড়াতে পারে। তাদের বিরোধিতা না করতে পারে। তাই ধীরে ধীরে বৈজ্ঞানিক উপায়ে এইভাবে অনেক বৃটিশ ভারতীয়দের আত্মসম্মানে আঘাত দিয়ে তাদের মনোবল ভেঙ্গে দিতেন। তাদের চুরমার করে দিতেন।

আচ্ছা ঐ প্রক্রিয়া কি কোন জায়গায় বর্তমান ভারতে ব্যবহার করা হয়! বিষয়টি বিশেষভাবে সকলকেই ভাববার অনুরোধ রইল।

29
জীবন্মৃত

হ্যাঁ! জীবন এতটাই নিষ্ঠুর। অনেক সময় আমাদের জীবন থেকে কিছু মানুষকে বেড় করে দেওয়া আমাদের জীবনের পক্ষে আশির্বাদ স্বরূপ। কারণ তারা থাকলে জীবনে ভালো তো হবেই না, বরং দিন দিন ক্ষতিকর হয়ে ওঠে। দিন দিন তারা থেকে কুঁড়ে কুঁড়ে জীবনকেই শেষ করে দেয়। অর্থনৈতিক ক্ষতিসাধন, থেকে সামাজিক স্তরে ক্ষতিগ্রস্ত করে। তার পরেও তাঁকে জীবন থেকে দুর না করলে মনের মধ্যে এমন ক্ষতিসাধন করে যে শরীর বহু দুরারোগ্য ব্যাধির বাসা হয়ে যায়। এধরনের ব্যক্তিরা এক তীক্ষ্ণ বুদ্ধি সম্পন্ন ও ভীষণভাবে মায়াবী হয়ে থাকে। এরা এতটাই বিষাক্ত হয়ে থাকে যে নিজের স্বল্পকালীন মুনাফায় জন্য যে কোন মানুষের তীব্র ক্ষতিসাধন পর্যন্ত করে থাকে। খুব মৃদু হেসে হেসে কথা বলে ও মনে থাকে গরল। সাধারণতঃ এরা নিজেদের স্বরূপ বাইরে আনে না। যদি কখনোও ঐ স্বরূপ বাইরে এসে যায়, যতই প্রিয় হোক না কেন তাঁকে তৎক্ষণাৎ পত্রপাঠ বিদায় দিয়ে নিজের জীবন বিপদমুক্ত করুন। কখনোই আত্মতুষ্টিতে ভুগে নিজের জীবনের উন্নতির পথে বাধা সৃষ্টি করবেন না। এই সমস্ত বিষাক্ত লোকের সাথে থাকা আর বিষাক্ত সর্পের থাকা ঠিক একই। আবার গভীরতা সহকারে ভাবলে এরা সকলেই সাপের থেকে আরো ক্ষতিকর, কারন সাপের কাটলে বোঝা যায়। তার চিকিৎসা আছে কিন্তু ঐ বিষাক্ত ব্যক্তি কিভাবে ক্ষতিগ্রস্ত করে চলেছেন তার কোন নিশ্চয়তা নেই। যখন বুঝতে পারা যায় তখন অনেক দেরি হয়ে যায়। কিছু করার উপায় থাকে না। মেনে নেওয়া ছাড়া। আবার মনে থেকে মেনে নিতে কষ্ট হয়। অনেকটা সাপের ছুঁচো গেলার মতো অবস্থা হয়। তাই

সময় থাকতে সাবধানী হলে এধরনের অপ্রিতিকর অবস্থা সহজেই এড়ানো সম্ভব। অনেক ক্ষেত্রে অর্থনৈতিক ক্ষতিসাধনের থেকে মানসিক ক্ষতিসাধন অনেক বেশি হয়ে যায়। বহু কঠিন রোগব্যাধি শরীরের মধ্যে আশ্রয় নেই। যেটা বেশিরভাগ ক্ষেত্রেই কাউকেই বলাও যায় না। অনেক সময় আপনার সবথেকে প্রিয় বা ভালোবাসার মানুষটি সত্যিই আপনাকে এরূপ এক অপ্রিতিকর পরিবেশের মধ্যে নিমজ্জিত করে ফেলে। আমরা অনেকেই তখন বুঝে উঠতে পারি না তখন সত্যই কি করা উচিত। কোন পন্থা অবলম্বন করলে ভবিষ্যতে ভালো হবে আপনি খোলামেলা কারোর সাথে আলোচনা করতেও পারবেন না আবার তাকে কাছে রাখলে নিজে নিরাপদ নন।

এই কঠিন পরিস্থিতিতে মাথা ঠাণ্ডা রাখুন। যেটা করা উচিৎ সেটাই করুন। নিজেকে ভালোবাসতে শিখুন। নিজের মা বাবার কথা ভাবুন। নিজের ভবিষ্যৎ নিয়ে চিন্তিত হয়ে পরুন। আজেবাজে আকাশ পাতাল ভাবনার লাগাম দিন। যে ব্যক্তি বা ব্যক্তিগন এরূপ সমস্যা সৃষ্টি করছেন তাদেরকে মৃত বলে ঘোষণা করুন। অন্যথায় আপনি ওদের করাল গ্রাসে পরবেন। তিলে তিলে শেষ হয়ে যাবেন আপনি। সেই সঙ্গে সঙ্গেই শেষ হয়ে যাবে আপনার স্বপ্নের। আপনার মা বাবার কত শত আশা থাকে আপনাকে ঘিরে। সেগুলি কি বাস্তবায়ন হবে তাহলে?

এরূপ অবস্থায় সুস্থ রূপে বেড়িয়ে আসাটাই অনেক কষ্টের। অনেক সময় মন মানতে রাজি নয়। তখনই মস্তিষ্কের অভ্যন্তরীণ কার্যক্ষমতা দিয়ে বিচার বিশ্লেষণ করে সঠিক সিদ্ধান্ত নিতে হয়।

30
চোখ

"আমার প্রায় চল্লিশ বছর বয়স হয়ে গেল। আর সাতটা মানুষের মতো আমি ধান্দাবাজী করতে পারি না। বাবা মায়ের চোখের প্রদীপ আমি। এই পৃথিবীতে সব সময় যুদ্ধ চলে। যে যোগ্য সেই বেঁচে থাকে, অযোগ্য ব্যক্তিরা বিদায় নেন ধীরে ধীরে। করুন পরিনতি হয় তাদের। সব সময় অর্থের প্রয়োজন হয়। সমাজের চোখে তাঁরা সফল যারা প্রচুর পরিমাণে অর্থ আয় করতে পারে। কোন পথে! সেটা কি বিবেচিত হওয়ার বিষয়?" মনে মনে অমর ভাবছিল আর চোখে জল ফেলছিল। আপন ভেবে যাদের জন্য জীবনের প্রায় সবটাই দিয়ে দিয়েছিল ধরের প্রাণ ছাড়া। তারা আজ কোথায়? কই এমনটি তো হবার ছিল না? স্বয়ং বাবা মা যেদিন ছিলেন তারা শুধু অহংকার করতেন আর বলতেন টাকা আছে আমাদের। টাকায় সবকিছুই হয়। কোন চিন্তা নেই আমাদের। যা ভাবা সেই কাজ। কোন ব্যক্তিকেই তিনি যথাযত মর্যাদা দিতেন না। এরফলে দিন দিন এক অবক্ষয় করে চলেছেন তিনি। সবজান্তা মানুষের জীবনে যা হয় আর কি!

জীবনে অহংকারের আছে টা কি? আমার তো বোধগম্য হয় না কিছু। একশ্রেনীর মানুষ আছেন তাঁরা নিজেদের কি ভাবেন জানি না! বড়োই গোলমেলে ও অহংকারী হয়ে থাকেন। একটু খোঁজ নিয়ে দেখবেন, তাদের কেউ ভালোবাসে না, শ্রদ্ধা করেন না। তাঁরা এক অলীক জগতে বসবাস করেন। সমাজের সাথে কোন যোগাযোগ তাদের থাকে না।

অমর এই সব ভাবতে ভাবতে কখন ঘুমিয়ে পড়ে। ছোট বেলার সঙ্গী নুপুর বেশ কিছুদিন ধরে তাকে লক্ষ্য করছিল। একসাথে বড়ো হয়েছে।

এখনোও বিয়ে করেননি। অমরকে সে খুব ভালো চিনতো। একদিন এসে হাতটি ধরে বলল সাথে আছি। "সবসময় তো দিয়েই গেলে, নিজের জীবনের জন্য কিছু তো চাইলে না? তোমার চোখ পানে তো চেয়ে আছি। আমার কথা তো ভাবার কোন অবকাশ দেখি না।"

এত দুঃখের মধ্যে এরকম এক জীবন সঙ্গিনী পেয়ে যাবেন অমর কখনো ভাবেনি। পছন্দ করত খুব তাকে। ছাত্রাবস্থায় কত দিন নিজে না পড়ে দিন দিন বই তাকে দিত। কখনো তার কাছে কোন প্রতিদান চায় নি। বলা ভালো, এসব ভাবেই নি কোনদিন। তাই !

মুখে শুধু বলল –" তাহলে নিক্কন প্রতিদিন। " আর মনে মনে ঈশ্বরকে অশেষ ধন্যবাদ দিতে লাগল। সৎ মানুষের সাথে সবসময় ভগবান থাকেন। তাই যতোই কষ্ট হোক কোনদিনই সত্যের পথ ত্যাগ করা উচিৎ নয়। ঈশ্বরের চোখ সবসময় আপনার উপরে আছে। সে দৃষ্টি সর্বদাই কল্যানকর।

মনে মনে প্রতিজ্ঞা নেয় সে, সাথে আমি স্বয়ং ভগবানকে সাথে পেয়েছি, এখন থেকে আর কিছু মুখে বলবো না করবো এবং ফলাফল জগৎ দেখবে। আবার উঠে দাঁড়ায়ে জগতকে ভালোভাবে চিনিছি।

31

পয়লা ডিসেম্বর

বন্ধুরা সেদিন কোন একটা কারনে আনন্দ করছিল। ক্যালেন্ডারে সেদিন পয়লা ডিসেম্বর। বিশ্ব এডস্ দিবস বলে বিখ্যাত। সেদিন সকালে আমার জীবনে এক বিশাল সত্য আমার সামনে এসেছে। বয়স তেইশ পেরিয়ে চব্বিশ হয়েছে। বিশ্ববিদ্যালয়ের ছাত্র। মেধাবী হিসাবে সুপরিচিতি ও লাভ করেছি। বেশ কিছু চাকরির প্রতিযোগিতায় অংশগ্রহণ করছি। বেশিরভাগ পরীক্ষায় প্রথম ও দ্বিতীয় ধাপের গন্ডী পেরিয়েও গিয়েছি। তবে এখনোও কোন চাকরী পাকাপোক্তভাবে পাই নি। আশা করছি কয়েক মাসের মধ্যেই পাকাপোক্তভাবে পেয়েও যাবো। এসব ভাবে সুমিত। ও আমার এক প্রিয় বন্ধু।

তাই ওর মনে একটি স্বপ্ন ও এসেছে সৌমিতাকে নিয়ে। ও সৌমিতা প্রসঙ্গে বলাই তো হয় নি! ও আমাদের বিশ্ববিদ্যালয়েই ছাত্রী ছিল। আমার ভালো লাগতো। মনে মনে বহু স্বপ্ন তৈরি হয়েছে ওকে নিয়ে। অনেক সময় ওকে নিয়ে ভবিষ্যতের পরিকল্পনাও করে ফেলতাম। প্রায় দিনরাত ওকে নিয়ে পড়ে থাকতাম। ওর চালচলন , কথা বলার ভঙ্গিমা ভালো লাগতো সবই। ঐ ভালোলাগা কখন যে অনুরাগে পরিণত হয়েছিল খেয়ালই করি নি। একথা ওকে বলি নি কখনোও। কিন্তু ওর কথা চালচলন ইত্যাদি দেখে বেশ বুঝতে পারতাম সৌমিতাও আমায় পছন্দ করে। এমনি করেই বেশ চলছিল। মনে হত চাকরী পেয়ে অদূর ভবিষ্যতে একটি সুন্দর সংসার তৈরী করবো। স্বামী-স্ত্রী দুজনেই হবে শিক্ষিত। একটা সন্তান নেব। এইভাবেই জীবন কাটিয়ে দেব। মনে প্রফুল্লতার আর সীমা নেই এই সব ভেবে। এমনি করেই দিনের পর দিন যায়। মনের ইমোশন আর ধরে রাখতে পারলাম না। তাই গল্পচ্ছলে বলেই

ফেললাম এক প্রিয় বন্ধুকে। ওড়াও ভীষন আনন্দিত। হবে নাই বা কেন?

বলল সম্পর্কটা পাকাপোক্তভাবে করে ফেল তাতে তুই পড়াশোনাতে আরো মন দিতে পারবি। অনেক ভেবেচিন্তে ওদের কথায় একদিন বলেই ফেললাম। দিনটি পয়লা ডিসেম্বর। কথাটা শুনে সৌমিতা কেমন যেন হয়ে গেল! বলল বিকালে আয়। একা আসবি কিন্তু।

কি হয়! বিকালে একাই এলাম ওর কথামত। ওদের হস্টেলের সামনে। দেখি ওর চোখ দিয়ে জল পড়ছে টপ টপ করে। গলাটা কেমন যেন ধরে গেছে। দেখেই বোঝা যায় তীব্রভাবে বিদ্ধস্ত। বলল-"শোন! কোনদিনই আমার সামনে আর আসার চেষ্টা করবি না। এ হতে পারে না।" বলে প্রায় দৌড়ে পালিয়ে গেল। ব্যাপারটা বুঝতে পারার আগে কেমন যেন শেষ হয়ে গেল। কি হয়েছে! বুঝতে পারলাম রাত্রে। আর ঘুমই আসে না। কয়েক দিন খেতেই পারি নি। বমি হয়ে যায়। দু'চোখ দিয়ে শুধুই ভাঙ্গা স্বপ্নের আকাশ। একবার মনে হয়েছিল, ব্যর্থ জীবন রেখে কি লাভ? তারপর আমার বাবা মা ও প্রিয়জনের কথা মনে পরে। সিদ্ধান্ত বদলাই।

সামনে কত শত প্রতিযোগিতা মূলক পরীক্ষা। সবকিছু ভুলে পড়াশোনায় মন দিলাম। মনে মনে প্রতিজ্ঞা করলাম, একজন হয়েই তারপর ছাড়ব। তবুও দু'চোখ দিয়ে শুধুই অশ্রু ধারা। মন যেন মানতে চায় না। অথচ কাউকেই বলাও যায় না।

এরকম অবস্থায় চললাম বেশ কয়েকদিন। কয়েকজন বন্ধু। মনে হয় টের করতে পেরেছিল। তারা প্রায় মজা করে আর বলে ভোজ কবে খাওয়াবি!

এদিকে কয়েকদিন পড়ে আমার মনেও আরো জেদ চেপে গেছে। মনে মনে স্থির প্রতিজ্ঞা করলাম-" রাজ্যের সবথেকে বড়ো দপ্তরে অফিসার হবো। ও যে সিদ্ধান্ত নিয়েছে তা ভুল বলে প্রমানিত করবো। নিজের কাছে প্রমান করবো। I was the best, I am the best and I will be the best."

যা ভাবা তাই কাজ সকলকে চমকে দিয়ে রাজ্যের সবথেকে বড়ো পদে নিয়োগ পেয়ে গেছে সুমিত সে বছরই।

বন্ধু বান্ধবীদের ও তখন বলতে দেখা গেছে- " তুই যাই স্পর্শ করছিস তাই এখন সোনা হয়ে যাচ্ছে। এই সাফল্যের মূলমন্ত্র কি?"

সকলের আনন্দে ভেসে যেতে তখন খুব ভালোই লেগেছে। সকল দুঃখ এখন শেষ হয়ে গেছে। আজ হাতে পয়সা, সম্মান, গাড়ি ও বাড়ি সব এসেছে। এক এক স্বপ্ন সার্থক হয়েছে। বাস্তবে আজ জীবনটা অনেক উপভোগ করার!

তবে মনে মনে সেই ভাঙ্গা স্বপ্ন আজো নাড়া দিয়ে যায় এক পলক হালকা বাতাসের মতো। জীবনে সবই আছে কেবল সে ছাড়া। তাই আজো যখন সুমিত সৌমিতার কথা ভাবে তখন তার বুকের ভেতর কেমন যেন একটা ভাব হয়ে যায়। হয়তো অব্যক্ত এক ব্যথাহয়তো বা অন্যকিছু।

জেদি সুমিত আজো কখনো কারো কাছে সৌমিতার খবর জানতে চায় না তার কোন খবর নেওয়ার চেষ্টাও করতে চায় না কারণ তার সৌমিতা মৃত। মৃত্যুর দিন পয়লা ডিসেম্বর। তবে হৃদয়ে সৌমিতা হয়তো এখনো লুকিয়ে আছে কোন এক ছোট্ট জায়গা জুড়ে স্মৃতি রূপে। হয়তো সুখস্মৃতি নয়তো বা তীব্র ঘৃণার।

32

জ্ঞানী ও মূর্খ

পৃথিবীর নির্মল ভালোবাসায় প্রত্যেক প্রানী জন্মগ্রহন করে, বড়ো হয়। লালিত পালিত হয়। এককোষী এ্যামিবা থেকে জটিলতম বহুকোষী মানুষ এই প্রকৃতি মায়ের অশেষ কৃপায় ধীরে ধীরে বড়ো হয় ছোট থেকে। ছোটবেলায় প্রত্যেক প্রানী তার অসহায় সন্তানের লালন পালন করেন প্রকৃতির সহজ নিয়মে। এরপর চলে নির্মম সংগ্রাম।

কেবল মানব সমাজ এজন্যই শ্রেষ্ঠ বলে বিবেচিত হয়। এক শ্রেনীর মানুষ দেখা যায় সহজেই দিন দিন উন্নতির চরম শিখরে ধীরে ধীরে এগিয়ে যায়। আরেক শ্রেনীর মানুষের উন্নতির প্রগতি অতটা দ্রুত নয়। বেশ সময় লেগে যায়। তার কারন বিশ্লেষণ বহু আগে থেকেই শুরু হয়েছিল। জার্মান বিজ্ঞানী উইলিয়াম স্টার্ন তার বইয়ে এর বিশদ ব্যাখা করেছিলেন। তিনি যে পদ্ধতিতে মানুষের বিজ্ঞতা পরিমাপ করেছেন তাকে ইন্টেলিজেন্স কো-এফিসিয়েন্ট Intelligence Coefficient (IQ) বলে। এটি শতকরায় পরিমাপ করা হয়। এর গড় মান (Mean) একশো(১০০) এবং মানক পার্থক্য (Standard Deviation) পনেরো (১৫)! অর্থাৎ সাধারণ মানুষের ঐ মান হবে পঁচাশি (৮৫) থেকে একশো পনেরো (১১৫)। যেহেতু দিন দিন মানুষের উন্নতি হচ্ছে তাই ঐ মানের ও উন্নয়ন হয়েছে। এটাই স্বাভাবিক। এটা পরীক্ষিত সত্য। এই বিষয়টিকে ফ্লিন এফেক্টস (Flynn Effect) বলে। এর বৃদ্ধির পরিমাণ এক দশকে প্রায় তিনের শতাংশের কাছাকাছি।

এই ভাবে কেন নবীন প্রজন্ম প্রবীনদের থেকে বুদ্ধিমান তার উত্তর পাওয়া যায়। এটি পরীক্ষিত সত্য। যাঁর যতো আই- কিউ বেশি তিনি তত দ্রুত

বিষয় অনুধাবন করতে পারেন ও মনে রাখার অধিকারি হন। তাই সেই ব্যক্তির সাফল্য তত তাড়াতাড়ি আসে। সেই জন্য কিছু ব্যক্তি কম সময়ে সাফল্যের মুখ দর্শন করবেন। এটা অনেক সময় মানুষের জীনগত। এছাড়াও এটি পিতা-মাতার শিক্ষা, পারিপার্শ্বিক পরিবেশ ও দৈনিক খাওয়া দাওয়া ইত্যাদি বিষয়ের উপর নির্ভর করে। তাই সব সময় সুষম থাবার ও থাওয়া উচিৎ।

যত দিন যায় ততোই নতুন নতুন ধারণার সৃষ্টি হয়। বিজ্ঞানীরা দিন দিন দেখছিলেন উচ্চ আই. কিউ যুক্ত ব্যক্তি অনেক সময় অনেক কাজ সফলভাবে করতে না পারলেও কিছু সাধারণ আই. কিউ যুক্ত ব্যক্তি সেই কাজ সহজেই করে দিতে পারছিলেন। এর কোন বিজ্ঞান সম্মত ব্যাখা ছিল না। দেখা যাচ্ছিল কিছু আবেগ প্রবণ ব্যক্তি খুব সহজেই এসকল কাজ গুলো অন্যের সহায়তা নিয়ে সম্পন্ন করে ফেলেছেন। এই সকল ব্যক্তিদের কথা বলার আবেগ শ্রোতাদের মনে চরম বিশ্বাস আনতে পারছিলো। এর ফলে উদ্বুদ্ধ হয়ে বড় বড় কাজ অনায়াসে সম্পন্ন হচ্ছিল। এর জন্য দায়ী ছিল ঐ সকল বক্তার আবেগ। কীথ বিয়েশলী (Keith Beasley) প্রথম এবিষয়ে একটি সদুত্তর দেন। তিনি ইমোশনাল কোসেন্ট বা Emotional quotient (EQ) নামক একপ্রকার তথ্য নিয়ে আসেন। এক্ষেত্রে যে ব্যক্তি নিজে অন্যের আবেগকে প্রয়োজন মতো নিয়ন্ত্রন করে প্রয়োজনীয় কাজ করে নিতে পারেন তাকে উচ্চ ইমোশনাল কোসেন্ট যুক্ত মানুষ হিসেবে গন্য করা হয়। এরা কোন সংস্থার বা সংগঠনের নেতৃস্থানীয় হিসাবে খুবই সফল হয়ে থাকেন। এরা জানেন কোন ব্যক্তিকে দিয়ে কোন কাজটি সহজেই করা যেতে পারে। ফলে এদের ভবিষ্যৎ পরিকল্পনা ও খুব ভালো হয়ে থাকে। এই প্রথায় সকল ধনকুবের এই অদ্ভুত ক্ষমতায় বলীয়ান। সকল ধনকুবের দের ই. কিউ সাধারণভাবে খুব বেশি হয়ে থাকে।

১৯৯৫ সালে ড্যানিয়েল গোলম্যান (Daniel Goleman) তার বই ইমোশনাল ইন্টেলিজেন্স Emotional Intelligence (EI) এ সম্বন্ধে বিস্তারিত আলোচনা করেন। বইটি বেস্ট সেলিং- এর শিরোপাও পায়। তখন তিনি তাঁর বইতে কিভাবে এর পরিমাপ করা যায় তার বিস্তারিত তথ্য দিয়েছিলেন। আলোড়ন সৃষ্টিকারী এই বই অনেক জটিল প্রশ্নের সহজেই সমাধান করে দিয়েছে। উচ্চ শিক্ষিত ব্যক্তি অপেক্ষা অনেক কম শিক্ষিত ব্যক্তি শিক্ষক হিসেবে অনেক সময় ভালো শিক্ষক হিসেবে পরিচিত লাভ করেন। এর কারন তিনি আবেগ দিয়ে ও দরদ দিয়ে ছাত্র-ছাত্রীদের পড়াশোনা করান।

এতে পড়াশোনা অনেক সময় ভালো হয় তারা ভালো ফল করে কারন তারা ঐ শিক্ষকের সাথে একাত্ম হতে পারে। এছাড়াও পড়াশোনা এরফলে অনেক উন্নত মানের হয়। যেটা সকল ছাত্র-ছাত্রীদের জন্য কাম্য। এর থেকে বোঝা যায় অনেক সময় উচ্চ শিক্ষিত হলেই যে তিনি দরদ দিয়ে পড়াশোনা করাবেন তার কোন নিশ্চয়তা নেই। এটা থেকে প্রমাণ হয় ইমোশনাল কোসেন্ট (ই. কিউ) এখানে ক্রিয়াশীল আই. কিউ নয়। এখানেই ঐ উচ্চ শিক্ষিত ব্যক্তির ইমোশনাল কোসেন্ট অপেক্ষাকৃত কম স্বল্প-শিক্ষিত ব্যক্তির থেকে তাই এরূপ হয়ে থাকে। তবে এর বিপরীত ও হতে পারে।

বর্তমান পৃথিবীতে কোন ক্ষণস্থায়ী সম্পর্ককেও দীর্ঘ মেয়াদী করা, ক্রেতা-বিক্রেতা সম্পর্ক সহ বহু জটিল সম্পর্ক এই দুটি বিষয় দিয়ে সহজেই বিশ্লেষণ করা হয়। এবিষয়ে অনেক সময় সরকারী ও বেসরকারী সংস্থা অনেক ধরনের প্রশিক্ষণ দিয়ে থাকে। এরফলে প্রশিক্ষণ কর্মশালায় প্রশিক্ষণ প্রাপ্ত ব্যক্তিরা অনেক সময় স্ব স্ব ক্ষেত্রে প্রতিষ্ঠিত হতে দেখা যায়। এরূপ সুফল অনেক সময় দেখা যায় হাতে নাতে।

বর্তমানে চীনের আলিবাবার প্রতিষ্ঠাতা জ্যাক মা প্রথম লাভ কোসেন্ট(Love Quotient) এর ধারনা দেন। এর দ্বারা তিনি প্রমান করেছেন public dealing বা সামাজিক যোগাযোগ অনেক সময় মানুষ ভালো কাজ করে মেসিনের থেকে। এছাড়াও যে মানুষ সকলের সাথে ভালো ব্যবহার করে তার ব্যবসা ভালো চলে ও তার ভবিষ্যৎ উজ্জ্বল হয়। তিনি তাঁর দক্ষতার সহায়তায় তাঁর সংস্থাকেও দিন দিন বড়ো করার সহজেই উদ্যোগ নিতে পারে। এই ছোট্ট ছোট্ট বিষয় অনেক সময় ভবিষ্যতে বড়ো বড়ো ফল দান প্রদান করে।

উন্নত সমাজ ব্যবস্থায় যে নতুন নতুন ধারণার উদ্ভব হয়েছে সেগুলো বহু গবেষণার ফলাফল। এগুলো বহু পরীক্ষিত এবং সত্য হিসেবে প্রতিষ্ঠিত। তাই বিনা তর্কে আমরা এগুলো যত গ্রহন করতে পারবো ততই আমাদের সমাজ ও জনগণের উন্নয়নের জন্য এগুলো সহায়ক হবে। এর ফলে নতুন বড়ো বড়ো কোম্পানী, নতুন নতুন ধনকুবের, নতুন সমাজ ও নতুন শ্রেনীর মানুষের সৃষ্টি হবে। আমাদের এই আশা, নতুন বাঙালি সমাজ, অর্থনৈতিক, সামাজিক, সংস্কৃতি, বিনোদন ও সর্বোপরি সকল ক্ষেত্রে জগতের জনগণকে এক নতুন দিশা দেখাবে।

এপ্রসঙ্গে ঐ সকল কোসেন্ট গুলো আরো আলোচনা করার প্রয়োজন আছে। আই. কিউ একমুখী। আরো ভালোভাবে বললে বোঝা যায়, এটি ব্যক্তি

কেন্দ্রিক। একজনের আই. কিউ এর সাথে অন্যজনের আই. কিউ এর কোন বিজ্ঞানসম্মত সোজাসুজি সম্পর্ক নেই। তাই বলা চলে এটি সম্পর্ক তৈরি, জিনিসপত্রের বেচাকেনা ইত্যাদি বিষয়ের উপর কোন নিয়ন্ত্রন করে না। অন্যদিকে ই.কিউ অনেক সময় দ্বি-কেন্দ্রিক বা বহু-কেন্দ্রিক।প্রত্যেক ব্যক্তির ই.কিউ পরস্পরের উপর সোজাসুজি প্রভাব বিস্তার করে। আর ম্যাজিক সৃষ্টি হয় এখানেই। কোন ব্যক্তি অন্য ব্যক্তির সাথে ইমোশনালী জুড়ে গেল বহু স্মৃতির সৃষ্টি হয়। তাই উন্নত ব্যবসায়ীরা ঠিক এই ব্যাপারটা নিয়ে নাড়াচাড়া করে। এটি তাদের ব্যবসায়িক উত্থান পতনেও অনেকাংশে নির্ভরশীল, কিছু প্রতিষ্ঠান বিজ্ঞাপনের মাধ্যমেও ক্রেতাদের মনে ঐ বস্তু বা প্রোডাক্টের জন্য ইমোশন বা আবেগ সৃষ্টি করার প্রচেষ্টা চালিয়ে যাচ্ছে। এটা তারা সকলের অজান্তেই করে থাকে। সবথেকে গুরুত্বপূর্ণ বিষয় যেটার উপর মানুষের সম্পর্ক পর্যন্ত নির্ভর করে সেটি হলো এল.কিউ। এটি দ্বীমাত্রিক ও বহুমাত্রিক। প্রত্যেকটি মানুষ অন্যের সাথে এল. কিউ দ্বারাই যুক্ত থাকে। সাধারণভাবে একজন মানুষ যখন নিজের সাথে সাথে অপরের কথা ভাবেন তার ভালোমন্দ ভাবেন তখন এই এল. কিউ ছাড়া অন্য কিছুই নয়। এর দ্বারা এই পৃথিবীতে সকল সম্পর্কের ব্যাখা করা যেতে পারে। যার এল. কিউ মত বেশি তার তত তাড়াতাড়ি অন্যের প্রতি মমত্ববোধ সৃষ্টি হয়। অনুরূপভাবে যদি ঐ মমত্ববোধ ঐ দুজন ব্যক্তির মধ্যে পারস্পরিক ভাবে সৃষ্টি হয়ে যায় তখন তার স্থায়িত্বের দিকে এগিয়ে যায়। বড়ো বড়ো প্রতিষ্ঠান বা বহুজাতিক সংস্থাগুলো এই পদ্ধতিতে গোটা পৃথিবীতে তাদের প্রসার করছে, ধীরে ধীরে বিজ্ঞান সম্মত উপায়ে।

৩৩

অন্যের কথায় বিশ্বাসের ফল

মানুষ এক অদ্ভুত প্রানী। এর গুরুত্বপূর্ণ ভূমিকা আছে এই জগৎজোড়া। মানুষ জগতের শ্রেষ্ঠ জীব। অন্য সকল জীব ও উদ্ভিদ মানুষের বশ্যতা স্বীকার করে। মানুষই একমাত্র প্রানী তারা মিথ্যা কথা বলে। অন্যের উপর দোষারোপ করে। নিজের দোষ বা ভুল - ক্রটি আড়াল করে। এটাই মানুষের সহজাত নিয়ম। যে ব্যক্তির বুদ্ধি যত বেশি তাঁর দক্ষতা তত বেশি। এটাই স্বাভাবিক। এটা মানুষের যে সমাজে বেড়ে ওঠা, যে বাবা মার আদর্শে উজ্জীবিত তার মূল্যবোধ তার উপর অনেক কিছুই নির্ভর করে।

মানুষ মিথ্যা বলতে পারে। মিথ্যা বলতে জানে। দেখা গেছে প্রত্যেকেই মিথ্যা বলে। তবে কে কতটা পরিমাণ বলবে তা তাঁর মূল্যবোধের উপর নির্ভরশীল। উচ্চশিক্ষার সাথে এর কোনো সম্পর্ক নেই। তবে উচ্চ মূল্যবোধের সাথে অবশ্যই আছে। মানুষ মূলত মিথ্যা বলে পরিস্থিতির স্বীকার হয়ে। এছাড়াও দেখা গেছে মানুষ মিথ্যা বলে বিভিন্ন সময়ে। সেগুলো হলো কখনো ভয়ে, কখনো বা অন্যের প্রতি হিংসাত্মক হয়ে। এছাড়াও আরো বহু কারন থাকতে পারে।

তাই কখন মানুষ কতটা সত্য বলছে খুবই বিতর্কিত। যে বা যারা বলছে - " মানুষের উপর বিশ্বাস হারানো পাপ।" আমি ব্যক্তিগত ভাবে এর ঘোরতর বিরোধী। মানুষ মিথ্যা বলতে চায়, মানুষ গল্পপ্রিয়, কুঁড়ে। এইসকল দোষ নিয়ে মানুষ জন্মগ্রহন করে ও বড়ো হয়ে ওঠে। মানুষের মমত্ববোধ, উপযুক্ত

শিক্ষা ও প্রশিক্ষণ ও সকল দুষ্ট গুণগুলি থেকে মানুষকে রেহাই দেয়।

তাই কোন অপরিচিত ব্যক্তিকে প্রথমেই বিশ্বাস করা বোকামি ছাড়া অন্য কিছুই নয়। তার আচার ব্যবহার ও কাজ কর্ম দেখে তবেই তাঁকে বিশ্বাস করা উচিৎ অন্যথায় ভয়ানক ঠকতে হতে পারে। কোন ব্যক্তির অন্যকোন তৃতীয় ব্যক্তির সম্বন্ধে মুল্যায়ন কখনোই সঠিক হয় না, হতে পারে না। কারন এটা আপেক্ষিক ছাড়া অন্যকিছু নয়। তবে আলগা আলগা অনেক নিয়ন্ত্রন ব্যবস্থা সমাজের সর্বস্তরের জনগণের জন্য আছে। জানিনা সেগুলো কতোটা বিজ্ঞানসম্মত?

কতো যে মানুষ আছেন , তারা শ্রেফ অন্য মানুষদের ঠকিয়ে উপার্জন করেন ও জীবিকা নির্বাহ করেন। কয়েকটি এরকম পেশা আছে যার কোন বিজ্ঞানসম্মত ব্যাখা নেই তবু প্রায় সকল ব্যক্তি তা বিশ্বাস করে এসেছে দিনের পর দিন। ঐ বিশেষ বিশ্বাসের সুযোগ নিয়ে দিনের পর দিন এক শ্রেনীর মানুষ নিজেদের চতুরতা ও অন্য শ্রেনীর অজ্ঞতার সুযোগে দিনের পর দিন তাদের শোষন করে যাচ্ছে। এটা নিয়ে ভেবে দেখুন তো! কি ভয়ানক মিথ্যাচার!

পরে পরে মার খায় মানবতা। নিষ্ঠুর কি পরিহাস। বিশ্বস্ত হতে সময় লাগে। সবাই হয় না বিশ্বস্ত। তাই উন্নত উদার মন ও বিশ্বস্ততা সকলের কাছে আশা করা উচিৎ নয়।

ঐ প্রসঙ্গে এক পঙতি মনে পড়ে গেল,

" নাই তাই খাচ্ছো তাই

থাকলে কোথায় পেতে।

কহেন কবি কালিদাস

রাস্তায় যেতে যেতে। "

হেঁয়ালি হলেও ব্যাপারটা বেশ মজার। বিষয়টি হল, কথার মারপ্যাঁচ। এটি একটি গরুর স্বগতোক্তি। গরুটির লেজ নেই। এমন অবস্থায় এক মাছি তার দেহের উপরে বসে জ্বালাচ্ছে। তখন গরুটি রেগে মাছিটিকে এই কথা বলছে।

মিথ্যাবাদী লোকেরা এই ধরনের hide and seek game খেলতে খুব অভ্যস্ত। সেটাও খুবই চাতুর্যের সঙ্গে। তারা মিথ্যা বলেন না ঠিকই কিন্তু সব বিষয়ে একটি দুর্বোধ্য মায়াজাল বুনে রাখেন। ঐ মায়াজালে জড়িয়ে বহু মানুষ শেষ পর্যন্ত হয়ে যায়। তাই অনেক সময় কথা বলার ভঙ্গিমা ও কি বলছে তাই দেখে মানুষকে জানা যায় বা চেনা যায়।

তবে আশা ছাড়া উচিৎ নয়। সম্পূর্ণ শিক্ষিত সমাজের বেশি ভাগ মানুষের আচার ব্যবহার মার্জিত এবং ভদ্র হয় এই আশা করি। সত্যবাদী

মানুষ অবশ্যই আছেন এবং আজো তাঁরা সমাজের এমন এমন উঁচু স্থানাধিকার করে আছেন তা সকল মানুষের ক্ষেত্রে শুভ। তাই সাধারণ মানুষেরা এখনোও নিশ্চিন্তে বসবাস করেন। তাঁরা সকলের অলক্ষে সমাজ ও মানুষের জন্য সর্বদা কাজ করে চলেছেন।

একটা দেশ তখনই উন্নত হবে যখন তাঁরা মূল্যবোধকে সবথেকে বেশি গুরুত্বপূর্ণ বিষয় বলে মনে করেন।

Values are the key of every success of the society. It is priceless.

Mrinal Kanti Guin

The author is a civil servant. His early education started in Agriculture. He graduated in B.Sc (Hons) in Agriculture. Later he completed his master's degree in Genetics from Bidhan Chandra Krishi Viswavidyalaya (BCKV) West Bengal.

After completing his education, he joined as a civil servant in West Bengal Civil Service (Exe.). He has vast knowledge in serving the people of Bengal in different capacities in many districts. In this book, he tries to touch the heart of the people by his writings. In his writings he provided different example with critically with lucid illustration. The aim of this writing is to bring the positive thinking among the readers.

It is a motivational book written in lucid language in Bengali version. This may be used as text in different school, college and university as additional reference. The book will definitely touch you as to do some motivational work in your personal level of life. This is my most awaited and loving motivational work of different taste and different level of life. This book is intended to generate positive dreams to the readers to improve the thought of the persons which are all constructive and innovative. It will empower the person to do the things to achieve ultimate goal of their life, if they choose it in the correct path in correct point of time. In Bengali version, an attempt has been taken to uplift the standard of the life of the common people. Different techniques have been elaborately discussed to solve different problem in personal level at any point of life.